超入門 建築製図（第五版）

監修　小西敏正
執筆　永井孝保
　　　村井祐二
　　　宮下真一

市ケ谷出版社

「第五版」発行にあたって

　本書の題名には「超入門」とある。このことは，まず第一に全くの初心者にもわかりやすいことを示している。実践的活用を目的に建築製図を学ぼうとする誰をも対象にしている。

　第二に本書は，教科書として使われることを念頭に章を構成しているが，独学でも設計製図を学べるようにしている。先に述べたように，全くの初心者にも容易にわかる説明になっているため，独学の心強い助けとなる。

　そして，この本で学んだ多くの人が近い将来2級建築士を受験することを前提に，試験に合わせて課題をつくり，十分かつ贅肉を落とした説明で，建築士受験にも役立つようにしてある。

　ところで，この本では製図の描き方をCADにより製作した図面で示してあるが，手書きの製図の勉強を念頭に置いている。CADによる設計図は一見整然と整っており，手書きのものとかなり違って見えるが本質的には同じである。一本一本の線が手書きで描いてあるものと思って対応してもらいたい。確かに，設計事務所の設計もCADによるところが多くなってきている。しかし，建築士の試験は手書きであり，初心者が製図を勉強する上でも，線の意味やその使い分けを理解する上で手書きの方が勉強になる。

　また，CADによる製図については，技術的な知識が必要とされるため，製図の本質とは別の勉強が必要になる。しかしCADを使って製図する場合も本書の説明を全ていかすことができる。

　この本は2012年3月に発刊されて約8年半が経過した。この間，多くの方々にご利用頂き，さまざまな方々から大変適切で貴重なご意見を頂戴した。特に実際に建築設計製図を教えておられる方々から貴重なアドバイスを頂き感謝致している。

　第五版においては，頂いたアドバイスに検討を加え，その意味を汲み取り反映したつもりである。また，建築士試験の課題への対応を考えて，当初よりもさらに充実した著者陣により，専門的にも，より的確な内容となるように配慮した。

　鉄筋コンクリート造や鉄骨造の建物に対しての内容の充実はもちろんのこと，「超入門」という表題に沿うよう，よりわかりやすく説明を補い第五版を発行した。

2020年1月　　　　　　　　　　　　　　　　　　　　　　　　　　　　　著者一同

ま　え　が　き

　建築製図は教える者にとっても，習う者にとっても，良い教科書がないというのが実感である。社会に出て実務として設計を行っている者も製図に関しては，仕事の時間の中で，いつの間にか習得してきたという者が多く，さらに，その指導に当たった事務所の先輩の多くも同じようにして学んできている。そのような状況自体，実践的な良い製図の教科書がないことを裏付けている。

　教育機関のうち建築製図を丁寧に教えているところは，工業高校と専門学校である。工業高校と専門学校では教える目的が多少違う。工業高校では基礎的なことに力を入れ，専門学校では実践的な面に重きが置かれる。そして，工業高校には昔から多くの教科書が用意されてきたが，実践的教育を行う専門学校のための教科書にはこれこそというものがないようである。

　実務や，学校の課題設計においては，建築製図を始めるに当たり事前にやらなければならないことがある。すなわち，与えられた条件に対して，計画，構造，材料，設備などの知識を駆使して，計画の概略を決めスケッチやエスキースを行うことである。そして，それがある程度決まった時点で製図を始める。

　この本では製図する建物は既に決まってエスキースが出来上がっていると想定し，狭い意味での設計製図つまり図面の製作に限定して，計画しエスキースが終わった建物をどう製図していくかに絞り，できるだけ丁寧で，わかりやすい説明を行っている。しかし，試験も含めて多くの場合，自分で考えたエスキースを基に製図しなければならないことを考え，本書では見本となるエスキースを一連の製図の過程に組み込んでいる。エスキースの例から製図を始めるまでにどれだけのことを決めておけば，製図が始められるかを是非とも実感してもらいたい。

　本書の構成は，次の通りである。

　第1章は製図の基礎として，製図用具の説明，製図の一般的な説明，図面の役割を説明している。また，その役割を果たすためには最小限果たさなければならない条件や，通常の設計製図を行うプロセスを示している。

　第2章は木造住宅の図面を扱っているが，基本になるので，3章以下の鉄筋コンクリート造，鉄骨造よりも若干詳しく説明を行っている。

　第3章は鉄筋コンクリート造を扱い，貸事務所を例に鉄筋コンクリートの建物に関する最小限の建築製図を説明している。2級建築士の試験では過去に出題が繰り返されており無視できない。

　第4章は鉄骨造を扱い，集会所の製図を例として示している。一般的に，鉄骨造の建物の建築製図は，この本の説明範囲外ともいえる構造と仕上げの関係（構造体にいかに仕上げを取り付けるかなど）をある程度理解しないと難しい。そこで，常識として，このくらいは知っておいて欲しいところを示してある。また，木造，鉄筋コンクリート造，鉄骨造と通して学ぶことによって，建築製図というものに対する理解が深まると考えられる。

2012年3月　　　　　　　　　　　　　　　　　　　　　　　　　　　小西敏正

Chapter1　製図の基礎

Chapter2　木造住宅の図面

本書の使い方

　この本はCapter1で製図用具や表現するうえでの基礎的な事柄を学び，Capter2で木造2階の住宅，Chapter3でRC造の貸事務所，Chapter4で鉄骨造の集会場の図面の描き方を学びます。それぞれの図面は手順を追って描けるようわかりやすく説明を加えながら示しています。各手順ではその手順で描くべき線や文字は青で表示し，ガイドとなる寸法（説明のための寸法：手順1参照）は図面として必要な寸法（手順3参照）とは区別しています。

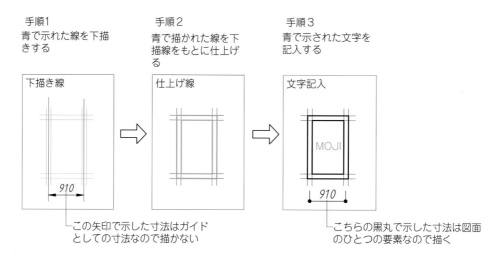

　図面を描くうえで大切なことは，「きれいに」「早く」「正確に」ということですが，これを実現するためには，出来る限り一度引いた線は消さないことです。具体的には，薄く細い下描き線で下描きし，それをなぞるように線の太さや種類を使い分けて仕上げていきます。下描き線は余分なところまではみ出ても消す必要はありません。（本書では，わかりにくくならないように，前の手順の下描き線を残していない箇所もあります。）

　この本では，各手順で，必要に応じて適宜説明や情報が添えられており，種類ごとにアイコンで示しています。

 Attention 　　　　　間違えたり，見落としがちな注意したいところ

 Technique 　　　　作図上のテクニックなど

 One Point Advice 　知っていた方がいい情報

 Zoom Up 　　　　　詳細図などで分かりにくいところを拡大

Chapter1 製図の基礎

Lesson 01 製図の用具

01-1 製図用紙

(1)用紙の種類

　鉛筆やインクで製図する場合はトレーシングペーパーやケント紙が用いられます。実務ではほとんどがトレーシングペーパーですが，学校などの製図の練習や建築士の製図試験ではケント紙や方眼が印刷された紙が用いられることがあります。

　トレーシングペーパーの紙の厚さは1m²当たりの重さで表現され，40g/m²〜75g/m²程度が用いられます。また，作図中や製図版にテープで留めたりはがしたりする際周囲が破れないように，糸や補強テープで四周または端部を補強したものもあります。

(2)用紙のサイズ

　JISではA系列とB系列に分かれていますが，建築では主にA系列のうちA3，A2，A1が多くが用いられます。紙の縦横比は1：√2の関係になっており，A1の半分がA2，A2の半分がA3の関係にあります。

01-2 製図板

　製図板には，合板製のものから表面を樹脂シートで覆ったもの，マグネットシート貼りのものなどさまざまあり，サイズはA2，A1，A0用のものなどがあります。サイズを選ぶ際は描く図面より一回り大きなサイズにしないと，T定規や三角定規が使いにくいので注意しなければなりません。合板製を用いる場合で，トレーシングペーパーに描く場合はケント紙を1枚下敷きとして貼っておくと使いやすくなります。

01-3 定規

(1)T定規・平行定規

　T定規も平行定規も，上下に移動させて水平線を引くのと同時に，三角定規や勾配定規と組み合わせて垂直や任意の角度の平行線を引くために使われます。

　原則として，T定規も平行定規も水平線を引くためにありますが，ねじを調整することにより角度を設定できるものもあります。

(2)三角定規・勾配定規

　三角定規は，30°・60°・90°のものと45°・45°・90°の2枚1組として用いられ，いくつかのサイズのものが市販されていますが，A2用の製図板では30cm程度のものが使いやすいでしょう。勾配定規は，90°以外の2つの角度が任意に設定できるもので，定規は1枚で済み，屋根の勾配なども容易に描けます。但し，製図版が小さいと下側や右側の線が描きづらいので製図版のサイズが限定されている場合は注意しなければなりません。

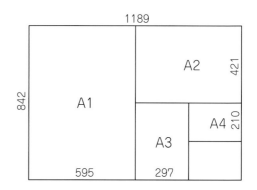

図1-1 A系列の用紙の大きさ

図1-2 平行定規

図1-3 ドラフティングテープ

図1-4 三角定規

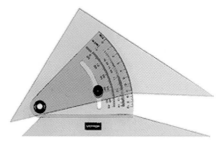

図1-5 勾配定規

(3)ものさし

図面を描く際のものさしとしては，用紙を傷つけず寸法の狂いの無いものが求められ，竹製が用いられます。建築の図面はさまざまな縮尺で描かれるため，いちいち図面上の長さを計算しなくても済むように，三角形断面のそれぞれの辺に6つの縮尺の目盛りが刻まれた三角スケールが便利です。三角スケールのサイズには10cm，15cm，30cmなどがあります。

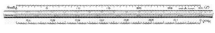

図1-6 三角スケール

01-4　筆記具等

(1)筆記具

作図には，鉛筆，ホルダー，シャープペンシルなどが用いられます。シャープペンシルには，0.3mm～1mm程度の芯の太さがあり，それぞれ2H～2B程度の濃さの芯がありますが，筆圧に応じ太線用と中・細線用または太・中線用と細線用など2種類ぐらい用意するとよいでしょう。たとえば，壁の断面などを描く場合には，0.7mmのHB，外形線などは0.5mmのHなどというように使い分けるとメリハリのある図面が描けます。

図1-7 シャープペンシル

図1-8 ホルダー

(2)消しゴム・字消し板

消しゴムは，良質のプラスチック製のものがよく，いつもきれいな状態にしておかないと，消したときにせっかく描いた図面を汚してしまうので注意しなければなりません。字消し板は，ステンレスやプラスチックの薄板に型抜きしたもので，不必要な部分のみをきれいに消す場合に用いられます。

図1-9 消しゴム

図1-10 ホルダー用の芯削り器

01-5　その他の用具

(1)コンパス・ディバイダ

コンパスは円を描く用具として，大コンパス，中コンパス，スプリングコンパス，ビームコンパスなどがあります。ディバイダは図上やものさしから寸法を移し取ったり，線分を分割する場合に用いられます。

図1-11 字消し板

図1-12 コンパス

(2)テンプレート

テンプレートは，使用頻度の高い汎用的な形を1mm程度のプラスチック板に型抜きしたもので，円，四角，三角や家具，衛生器具などのものがあります。開き戸の開き勝手の描画用として円，筋かいの位置を示す記号用として三角のものがあるときれいに早く仕上げることができます。

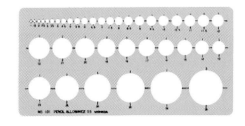

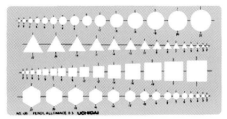

図1-13 テンプレート

01
02
03
04
05

Lesson 02 製図のルール

製図とは，線の種類や太さ，寸法の記入の仕方，製図記号などのルールに従って図面を描くことをいいます。大切なことは，見やすさ，分かりやすさを心がけ，正確に伝わる表現をすることです。製図に関するルールはJIS*の製図総則や建築製図通則などに細かく規定されています。

02-1 線

製図に使われる線は，表現すべき内容に応じて太さと線種を使い分けなければなりません。鉛筆で描く場合にはさらに線の濃さの組合せるとメリハリの利いた表現ができます。

(1)線の太さ

線の太さには，細線，中線，太線の3種類を基本とし，さらに，細線より少し細い極細線，太線より少し太い極太線があります。それぞれの用途は表2-1に示す通りです。

(2)線の種類

線の種類は，連続した「実線」，途中で途切れて短い点が入る「一点鎖線」，短い線と短い間隔で連続させた「破線」，途中で途切れて間に2つの点が入る「二点鎖線」などがあります。それぞれの用途は表2-2に示す通りです。

02-2 文字

文字は図面の表現のなかでも重要な要素で，図で表現しきれない箇所の説明や，図中の部位の名称・材料名などの説明として多く使われます。また，文字の巧拙によって図面のでき栄えが左右されてしまうので，ていねいに読みやすく書かなければなりません。図面に使われる文字の大きさはJISで示されていますが，図面タイトルや図面中の文字など2～3種類の大きさに統一し，楷書で横書きを基本とし水平ラインに気をつけて書くようにします。

02-3 寸法線と基準線

(1)寸法線

図面は図で姿かたちが示され，文字により部位・部材の名称や材料名が示されるだけでは，大きさが分からないので寸法を記入しなければなりません。寸法は寸法線，寸法文字，寸法補助線，寸法矢印などで構成されます。寸法の記入の方法もJISにより定められており，建築図面では，JISで定められた方法以外に，慣習的に社会で通用している方式もあります。

*JIS：日本工業規格（Japanese Industrial Standard）

表2-1　線の太さ

線の太さ	線種	用途
極太線		断面線，GLなど
太線		断面線，GLなど
中線		外形線
細線		通り心，壁心
極細線		目地線など

手描きの図面では，線の太さに加え濃さも使い分けることができ，一般に線が太くなるに従い濃くなる。
同じ断面線やGLでも縮尺に応じ太さを使い分ける必要があり，1/100，1/50では太線で，1/5,1/2などでは極太線とする。

表2-2　線の種類

線の種類	線種	用途
実線		外形線，断面線，目地線など
破線	-------	隠れ線
一点鎖線		通り心，壁心
二点鎖線		想像線

これら以外の用途の線として，下描き線があるが，これは出来る限り細く，薄い実線で描く。

図面名
平面図　立面図
4～6mm

室名
居間　食堂　台所　玄関　和室
2.5～3mm

寸法名
910　1820　2730　1,820　2,730
2.5～3mm

材料名
壁：ア12.5石膏ボード下地クロス貼り
2.5～3mm

図2-1　文字の大きさ

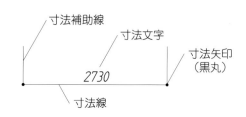

図2-2　寸法の表示

(2)基準線

　寸法を示す場合，基準となる位置を定め，基準位置からどのくらい離れているかで表現すると理解しやすくなるのと同時に，コミュニケーションの際わかりやすくなります。この基準線は平面方向は通り心と呼ばれ，<u>通常は主要な壁の中心線や柱の中心線</u>とします。高さ方向は<u>地盤面，各階の床の仕上げライン，屋根の構造を支える水平材の上端</u>が基準となります。

(3)角度・勾配の表示

　建物で角度がある部位はおもに断面図における屋根と床で，これを表現するときは，（垂直の長さ）／（水平の長さ）で表します。木造の屋根のように比較的傾斜が大きな場合は，水平の長さを10として，3/10，4/10のように表し，陸屋根や水がはけるようにとる床のように傾斜が緩やかな場合は分子を1として，1/100，1/50のように表します。この他平面図や断面図でも，敷地の形状や建物の平面形が直角でない場合は，60°，105°のように度数法で表す場合と，X方向の長さとY方向の長さで表す場合がでてきます。

02-4　製図記号

　建築を構成する建築材料や開口部などの主要な要素はJISにより標準的な表現が示されています。建築では描く対象物が用紙より大きいため縮小して表現されます（これを縮尺という）。このため，見たままの形を忠実に表現できないので，抽象化された記号で表現されます。このときに描く人によって抽象化の仕方が異なると理解しにくいので，よく使われる部位や材料，器具などはJISで定められています。建築製図では，JIS A 0150に定められています。（表2-3,2-4）

　JISに定められていないものを記号化した場合には，凡例を設け見る人にわかりやすいようにしなければなりません。

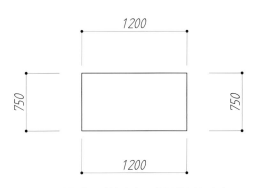

図2-3　寸法文字の表示位置と方向

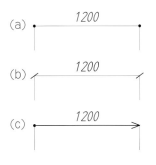

寸法矢印には(a)〜(c)のような例があるが，建築では，(a)の方式が多く使われる。

図2-4　寸法矢印の種類

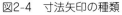

基準線の端部は(a)〜(c)のような表現をし，その基準線の符号がつけられる。

図2-5　基準線の表現

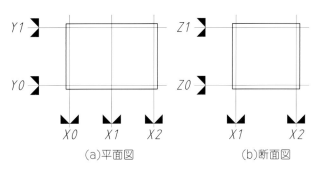

(a)平面図　　　　　(b)断面図

基準線の符号は水平面はX，Yで表され，一般に左下原点をX0，Y0とする。高さ方向はZの符号を用い，地盤面をZ0とする。ほかに，X，Yの符号以外にX方向をアルファベット，Y方向を数字とすることもある。
また，高さ方向は符号を用いず，高さの基準をGL，FL，軒高などとすることもある。

図2-6　基準線の符号

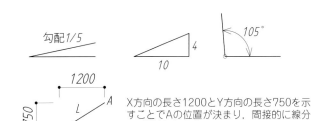

X方向の長さ1200とY方向の長さ750を示すことでAの位置が決まり，間接的に線分Lの傾斜を表現する。

図2-7　角度・勾配の表し方

表2-3　平面表示記号

出入口一般	回転扉	片引戸	シャッター	上げ下げ窓	格子付き窓
両開き扉	折たたみ戸	引込み戸	両開き防火戸・防火壁	両開き窓	網窓
片開き扉	伸縮間仕切り（材質，様式を記入）	雨戸	窓一般	片開き窓	シャッター付き窓
自由扉	引違い戸	網戸	はめ殺し，回転突出し窓等（開閉方法を記入）	引違い窓	階段上り表示

（注）壁体は，構造種別によって表2-4に示す材料構造表示記号を用いる。

表2-4　材料構造表示記号

表示事項 ＼ 縮尺	1/100,1/200程度	1/20,1/50程度（1/100,1/200程度で用いてもよい）	現寸,1/2,1/5程度（1/100,1/200程度または現寸,1/2,1/5程度で用いてもよい）
壁一般			
コンクリートおよび鉄筋コンクリート			
軽量壁一般			
普通ブロック壁　軽量ブロック壁			実形を書いて材料名を記入
鉄骨			
木材および木造壁	真壁造 管柱・付け柱・通し柱 / 真壁造 管柱・付け柱・通し柱 / 大壁造 管柱・間柱・通し柱 / 柱を区別しない場合	化粧材 / 構造材 / 補助構造材	化粧材（年輪または木目を記入する）/ 構造材　補助構造材 / 合板

表示事項 ＼ 縮尺	1/100,1/200程度	1/20,1/50程度（1/100,1/200程度で用いてもよい）	現寸,1/2,1/5程度（1/100,1/200程度または現寸,1/2,1/5程度で用いてもよい）
地盤			
割り栗			
砂利・砂		材料名を記入する	材料名を記入する
石材または擬石		石材名または擬石名を記入する	石材名または擬石名を記入する
左官仕上		材料名および仕上の種類を記入する	材料名および仕上の種類を記入する
たたみ			
保温・吸音材		材料名を記入する	
メタルラスワイヤラスリブラス		材料名を記入する	メタルラス ワイヤラス リブラス
板ガラス		材料名を記入する / 材料名を記入する	
タイルまたはテラコッタ			

Lesson 03　図面の概要

03-1　図面とは

(1)図面の概要

図面は設計者が誰かに設計意図や内容を伝えるために，描かれたものをいいます。表現方法は伝える相手や目的に応じていくつかの方法がありますが，建築の図面には設計の初期の段階で，大まかな空間構成やデザインをクライアント（依頼者）に伝える基本設計図，見積もりや施工のための実施設計図，工事の段階で詳細な納まりや施工方法を表す施工図などがあります。

(2)建物を図面で表現するには

建物は人間の尺度に比べて大きく，また多くの要素から成り立っています。これを図面で示す場合，縮小して表現し，建物の全体像を表す図面と各部の詳細や部品図などの組み合わせで分かりやすく表現します。

建物の全体像を表す図面には，建物の外から見た形を表す立面図や屋根伏図，空間構成を表す水平断面の平面図，垂直断面の断面図があります。内部空間の姿かたちを表すものとして，展開図や天井伏図があります。

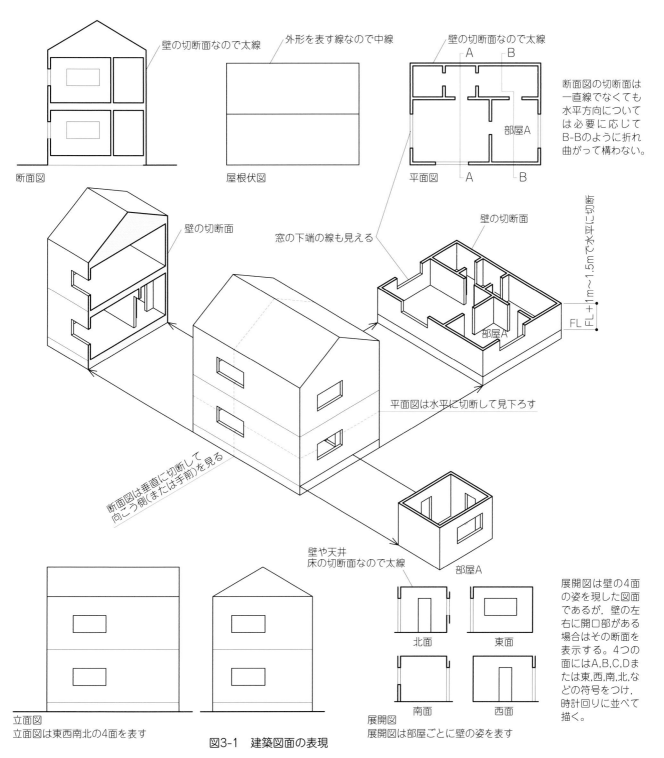

壁の切断面なので太線

外形を表す線なので中線

壁の切断面なので太線

断面図の切断面は一直線でなくても水平方向については必要に応じてB-Bのように折れ曲がって構わない。

断面図

屋根伏図

部屋A

平面図

壁の切断面

窓の下端の線も見える

壁の切断面

FL +1m〜1.5mで水平に切断

FL

部屋A

平面図は水平に切断して見下ろす

断面図は垂直に切断して向こう側(または手前)を見る

壁や天井床の切断面なので太線

部屋A

展開図は壁の4面の姿を現した図面であるが，壁の左右に開口部がある場合はその断面を表示する。4つの面にはA,B,C,Dまたは東,西,南,北,などの符号をつけ,時計回りに並べて描く。

立面図
立面図は東西南北の4面を表す

図3-1　建築図面の表現

北面　東面

南面　西面

展開図
展開図は部屋ごとに壁の姿を表す

01

02

03

04

05

07

03-2 設計プロセスと図面

(1) エスキース

設計の第一段階は敷地条件やクライアント（依頼者）からの要望，予算，法的な規制などの与条件をもとにフリーハンドで試行錯誤しながら与えられた条件を満たすようにまとめ上げていきます。この作業をエスキースとよびます。この段階では，与条件に適合させるとともにデザインの方向性を得るためにスケッチを描いたり，ラフ模型（エスキース模型ともいう）を作ったりします。

(2) 基本設計

エスキースで方向づけができたら，定規を使いある程度寸法を正確に平面図，立面図，断面図など基本となる図面を作り検討を加えます。この段階では必要に応じ模型を作りながら，空間のボリュームや形を確認し細部を検討します。また，大まかな構造や設備の検討もこの段階で行います。基本設計図ができたら，パース，模型などとともにクライアントに提示し承認を得ます。クライアントの最終承認を得るまでには，何度かの修正をしながら進めるのが一般的です。

(3) 実施設計

基本設計の承認が得られたら，さらに技術的な検討を加え材料や仕様なども決定しながら，見積りや施工に必要な実施設計図を作成します。

実施設計図には，建物の姿かたちや材料などを表現する意匠図，骨組み（構造）の仕様や形態を表す構造図，電気や給排水などの設備を表す設備図があります。

これらの設計は住宅などの木造の小規模なもの以外では，それぞれ構造や設備の専門の設計担当者が行います。但し，木造の在来工法の構造図は意匠の設計者が描くのが一般的です。

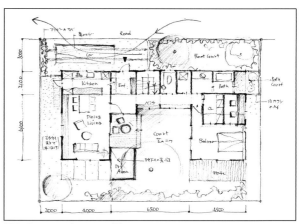

図3-3　エスキースの例

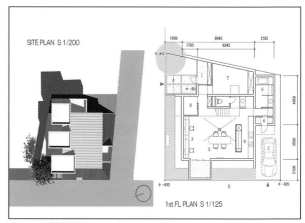

SITE PLAN S 1/200

1st FL PLAN S 1/125

図3-4　基本設計図の例

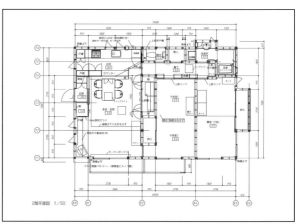

2階平面図　1/50

図3-5　実施設計図の例

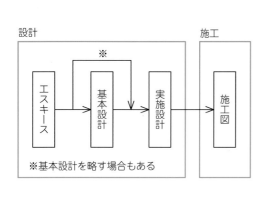

図3-2　設計プロセスと図面

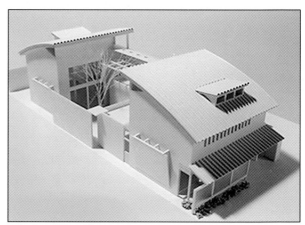

図3-6　模型の例

(4)実施設計図の種類と内容

・意匠図

　意匠図は，建物全体を表す基本となる図面で配置図，平面図，立面図，断面図，詳細図などがあり，これらの図面により姿かたちや材料・仕様などが示されます。

表3-1　意匠図の種類

図面の種類	縮　尺	内　容
特記仕様書		建築工事における工法，材料，メーカー，仕様などを表す図面
面積表		敷地や建物の各階，各室の面積を求積を含めまとめた図面
仕上表		内外の各部の仕上げを表にまとめた図面
配置図	1/50,1/100	敷地内の建物の位置や外構などを示す図面
平面図	1/50,1/100	階ごとに床から1m〜1.5mの位置で切断したときの水平面への投影図
立面図	1/50,1/100	建物外部の東西南北各面の直立面への投影図
断面図	1/50,1/100	建物を垂直に切断したときの直立面への投影図
矩計図	1/30,1/20	建物の標準となる箇所の垂直断面を詳細に描いた図面
階段詳細図	1/50,1/20	階段の詳細図で平面・断面の詳細や部分詳細が表される
展開図	1/50	部屋ごとに表す，各壁面の直立面への投影図
天井伏図	1/50,1/100	天井を表す水平面への鏡像投影図（P54参照）
建具表	1/50	建具の姿図や仕様などを表にまとめた図面
各部詳細図	1/20,1/10	水回りなど特に詳細に表した図面
外構図	1/50,1/100	敷地内の建物外部の舗装，植栽，外部施設などを表した図面
家具図	1/10,1/5	建築工事に含まれる造作家具などの図面
日影図	1/200,1/100	等時間日影，各時間の日影の形を示す図面（一般に冬至のときの日影を描く）

※縮尺は，用紙の大きさや建物の規模により変わります。

・構造図

　構造図は，躯体部分を表す図面で，伏図，軸組図，詳細図などがあります。

表3-2　構造図の種類

図面の種類	縮　尺	内　容
構造特記仕様書		建築工事の構造関連の工法，材料，メーカー，仕様などを表す図面
基礎伏図	1/50,1/100	基礎の配置を表す水平面への投影図
床・(梁)伏図	1/50,1/100	床の構造部材の配置を示す水平面への投影図
小屋伏図	1/50,1/100	小屋組みの配置を示す水平面への投影図
軸組図	1/50,1/100	軸組みの直立面への投影図
部材リスト	1/50,1/30	基礎，柱，梁などの部材を表形式にまとめた図面（RC造の場合は配筋も示す）
詳細図	1/30,1/20	構造部材の取り付けを示す詳細図（鉄骨詳細や鉄筋の配筋を表すラーメン図など）

※縮尺は，用紙の大きさや建物の規模により変わります。

・設備図

　設備図は，各設備の平面図や系統図などを表す図面で設備の種類ごとに描きます。

表3-3　設備図の種類

図面の種類	縮　尺	内　容
設備特記仕様書		設備工事における工法，材料，メーカー，仕様などを表す図面
電気設備図	1/50,1/100	電気設備の配置図，平面図，系統図などの図面
給排水衛生設備図	1/50,1/100	給排水衛生設備の配置図，平面図，系統図などの図面
空調・換気設備図	1/50,1/100	空調・換気設備の配置図，平面図，系統図などの図面
ガス設備図	1/50,1/100	ガス設備の配置図，平面図，系統図などの図面
昇降機設備図	1/20,1/50	エスカレーターやエレベーター，リフトなどの図面

※縮尺は，用紙の大きさや建物の規模により変わります。

(03-3) エスキースから図面へ

エスキースから実施設計図への流れは03-2で見たとおりですが，住宅などで比較的複雑な要素を持たない場合などは基本設計の段階を省略してエスキースから，実施設計に移る場合もあります。

建築士の試験では，この場合を想定していると考えられます。

また，製図の授業や試験で与えられる設計課題はクライアントからの要望や法的規制などの条件を表しているものと考えられます。試験や課題設計の場合も実際の設計同様，最初にエスキースを行い，それをもとに図面を描きます。

この本ではエスキースが完了したものとして，それをもとに完成された図面がどのような過程を踏んで図面化されるかを示しています。

エスキース（思考段階）

この段階では自分だけが分かればよいので，色鉛筆やマーカーなどを使い大胆に進めていく。

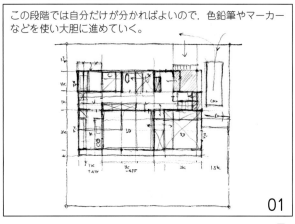

01

エスキース（図面化直前段階）

細部の検討も行われ，スムーズに図面化に移れるようにする。

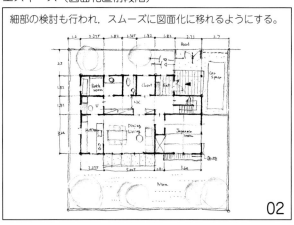

02

作図準備

紙の水平を平行定規であわせ製図板にテープで止める。準備ができたら，紙のどの位置に描くかを考える。図面が途中で切れたり，片寄ったりしないように縮尺やほかの図との関係も考える。

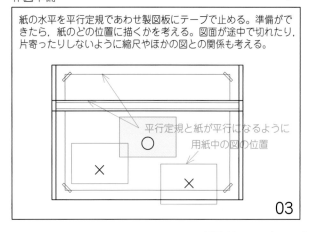

03

基準線を描く

図のレイアウトが決まったら，エスキースに基づき基準線（通り心）を描く。

04

下描き→仕上げ

基準線をもとに壁厚などを下描きしながら仕上げていく。それぞれの部位は下描き→仕上げのプロセスの繰り返しで全体を仕上げる。

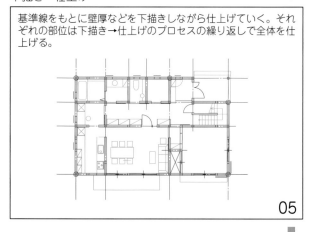

05

文字記入

比較的最後の段階でなるべく図に重ならないように，室名などの文字を記入して仕上る。

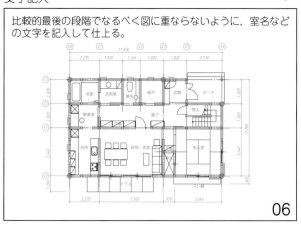

06

図3-7　エスキースから図面へのプロセス

Chapter2 木造住宅の図面

建物の概要

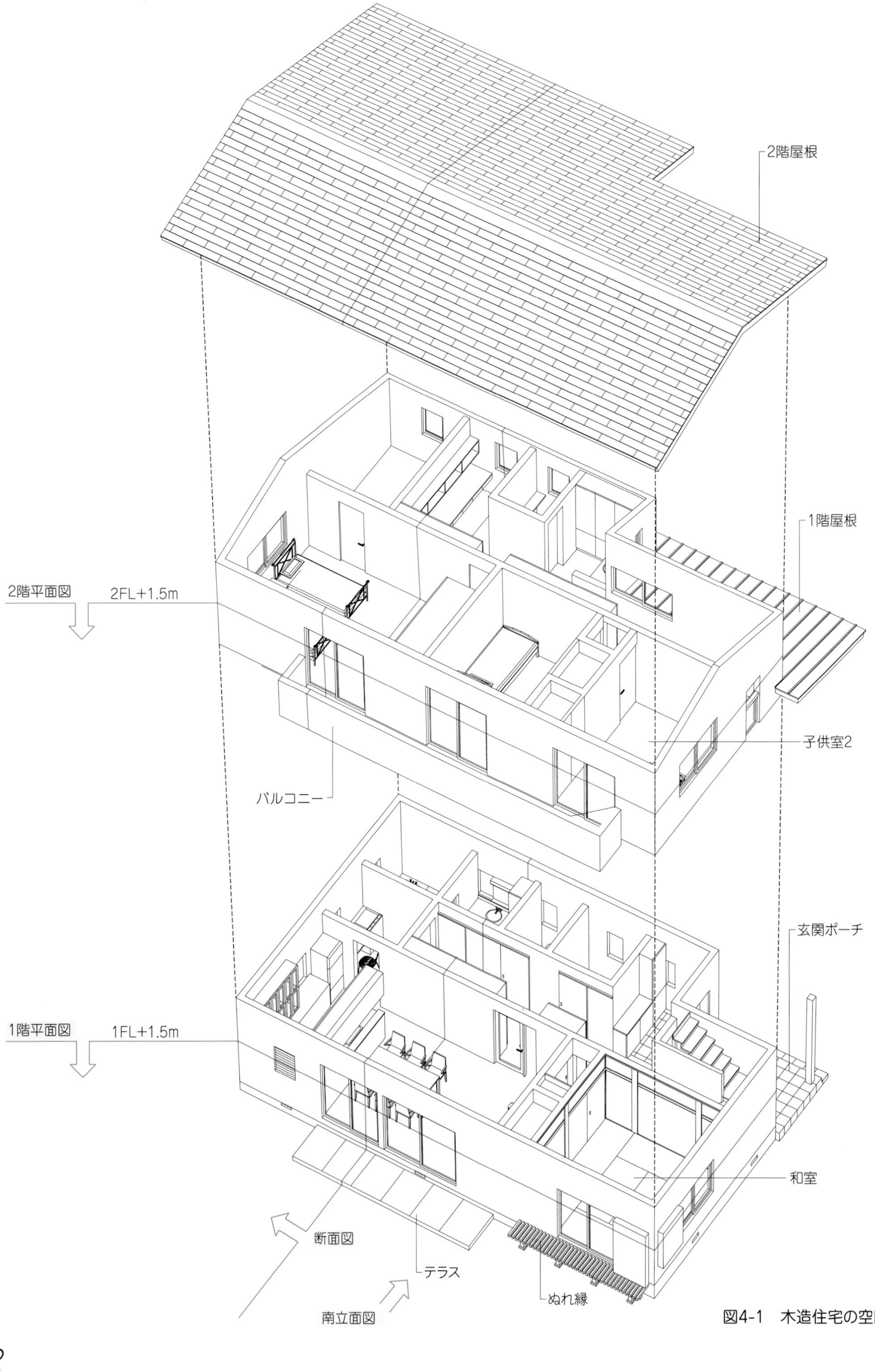

2階屋根

1階屋根

2階平面図 2FL+1.5m

子供室2

バルコニー

玄関ポーチ

1階平面図 1FL+1.5m

和室

断面図

テラス

ぬれ縁

南立面図

図4-1　木造住宅の空間構成

建物概要

敷地面積	235.95m²	
建築面積	86.12m²	
床面積	1階	81.15m²
	2階	77.84m²
	延べ	158.99m²
用途	専用住宅	
構造	木造（軸組み構法）	
階数	2階建て	

仕上
　外部　屋根　住宅屋根用化粧スレート葺き
　　　　　　　（勾配3/10）
　　　　外壁　ラスモルタル下地リシン吹付け
　　　　開口部　アルミサッシ
　内部　床　　ナラフローリング張り
　　　　壁　　ビニールクロス貼り
　　　　天井　ビニールクロス貼り

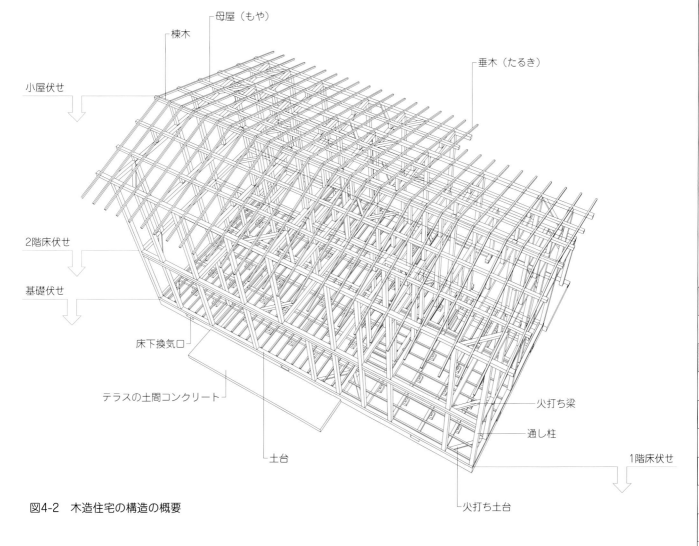

図4-2　木造住宅の構造の概要

Lesson 04　配置図兼 1 階平面図

04-1 配置図・平面図とは

(1)配置図とは

　配置図は敷地の状況や敷地と建物の関係，敷地と道路・隣接地との関係を表す水平面への投影図です。建物は 1 階平面図または屋根伏図で表現されますが，ここでは 1 階平面図を兼ねた配置図の描き方を示します。建物以外には植栽，門，塀などの外構が描かれます。

(2)平面図とは

　平面図は，床から 1m～1.5m くらいの高さで水平に切断したときの水平面への投影図で，それぞれ階ごとに描きます。縮尺は 1/200，1/100，1/50 など建物の規模や種類に応じて使い分けられますが，住宅では 1/100 または 1/50 で描かれます。平面図は建築の中心となる図面で，間取りや建具の種類，家具・設備機器の配置などが表されます。

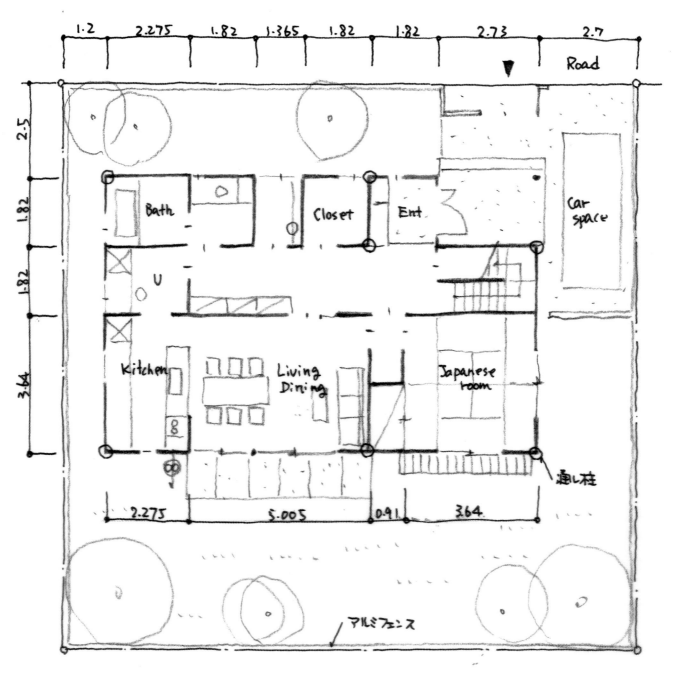

配置図兼 1 階平面図のエスキース（S 1:100）（このエスキースをもとに右頁の完成図を描いていく。）

　図面化するには，基本設計のときはエスキースをもとに，実施設計のときは基本設計図をもとに描いていきます。ここでは，2 級建築士の製図試験と同じように左頁のエスキースをもとにして実施設計図に近い図面を描いていきます。下の完成図を次頁以降手順を追って描いていきます。

　なお，(2)〜(6)の手順では紙面の都合で，(1)の手順で描いた敷地のラインの表示を省略しています。

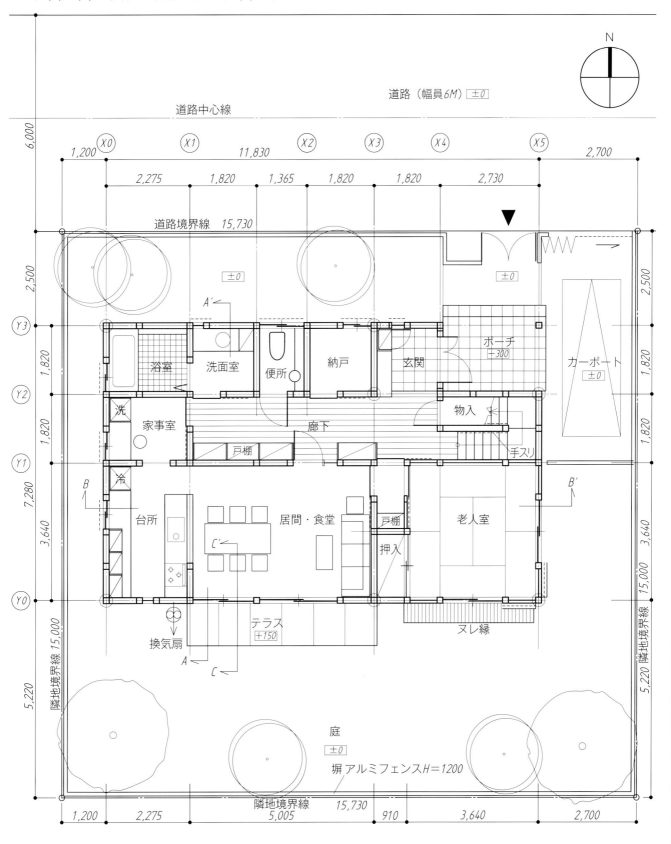

配置図兼1階平面図 Ｓ 1：100 完成図

01
02
03
04
05

04-2 描き方の手順

(1)敷地の形状を描く

　北を上とし，建物と平行な境界線が用紙と平行になるように位置を決め，敷地の形状を描きます。道路の反対側の境界線は入りきらない場合は省略します。（下描をした後に本描きします。）

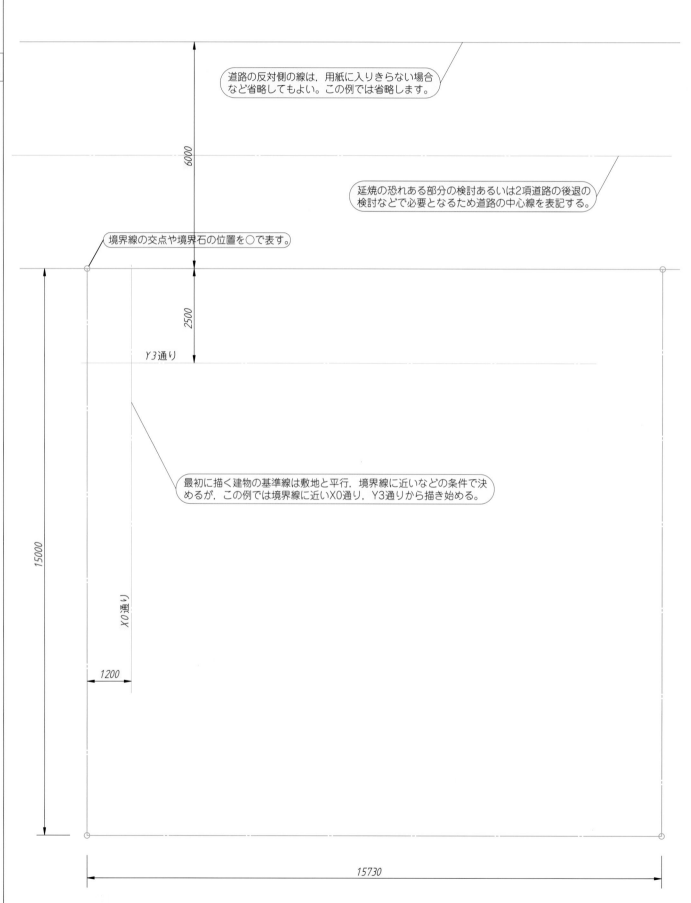

道路の反対側の線は，用紙に入りきらない場合など省略してもよい。この例では省略します。

延焼の恐れある部分の検討あるいは2項道路の後退の検討などで必要となるため道路の中心線を表記する。

境界線の交点や境界石の位置を○で表す。

最初に描く建物の基準線は敷地と平行，境界線に近いなどの条件で決めるが，この例では境界線に近いX0通り，Y3通りから描き始める。

6000

2500

Y3通り

15000

X0通り

1200

15730

(2)壁の中心線を描く

壁の中心線を細線の薄い線で下描きします。あらかじめレイアウトを考え，他の図面も書く場合はその大きさや位置も考え，建物だけでなく，寸法線などのことも考えながら用紙のどの位置に描くか注意しなければなりません。

（これ以降（7）のステップまで敷地ラインの表示を省略します。）

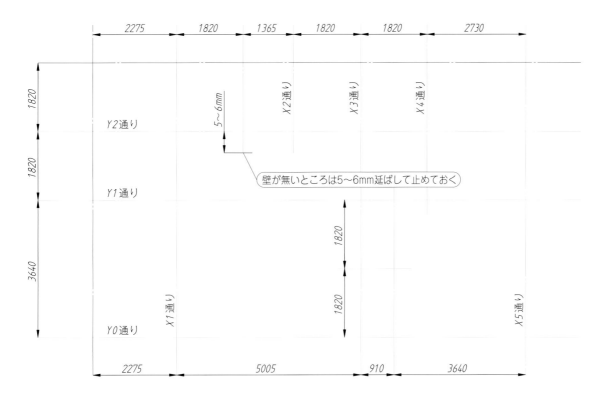

壁が無いところは5～6mm延ばして止めておく

(3)壁線・柱線を下描きする

壁の中心線の両側に，壁厚の1/2ずつの寸法で壁線を細線の薄い線で描きます。この段階も下描きなので，長さはあまり意識せず，少し長めに描いておきます。

壁の厚さは「柱の太さ+内外の壁仕上厚」となるが，1/100の図面ではそれほど厳密でなくてよい。
この例では120としているが，柱幅に仕上厚を加えた150程度とすることもある。

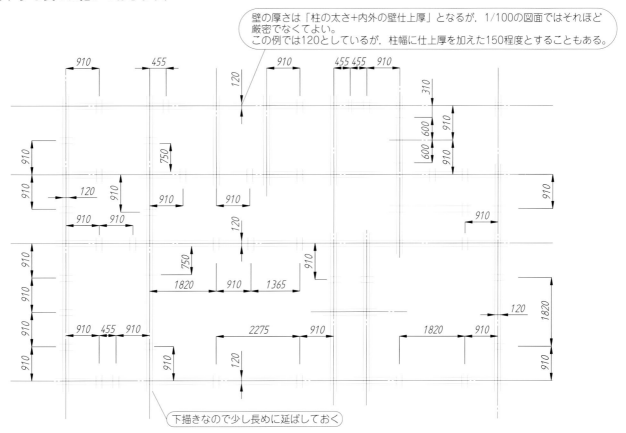

下描きなので少し長めに延ばしておく

01

02

03

04

05

(4)壁線・柱線を仕上げる

　開口部の位置をチェックしながら，柱位置を記入し壁線，柱線とも太線で仕上げます。壁の中心線を寸法線の記入位置を意識しながら細線の一点鎖線で描きます。

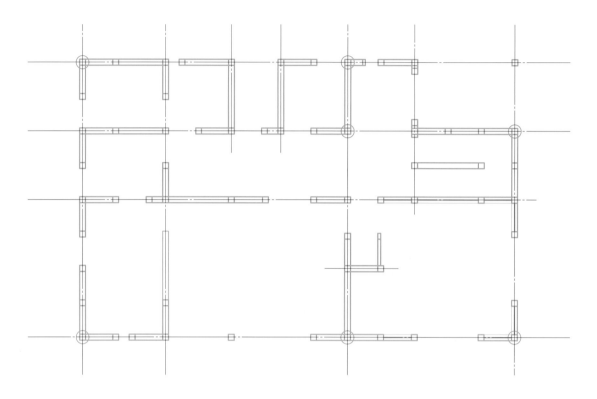

(5)開口部を描く

　外部のアルミサッシ，雨戸，内部の建具など表示記号（P6表2-3参照）に従って中線で記入します。開き戸の円弧はテンプレート（円定規）を利用します。

　円弧は想定されるもので実際にあるものではないので，細い線で描きます。

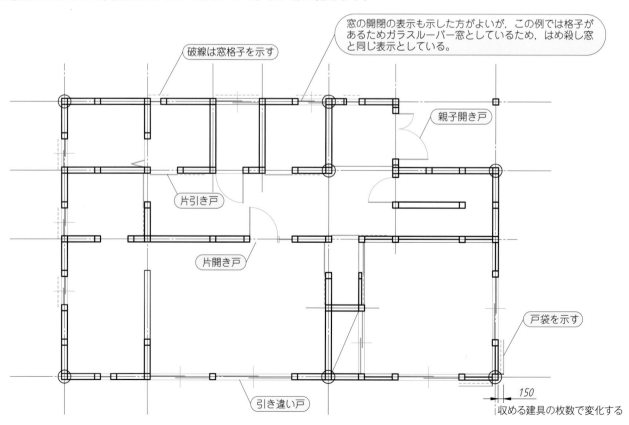

破線は窓格子を示す

窓の開閉の表示も示した方がよいが，この例では格子があるためガラスルーバー窓としているため，はめ殺し窓と同じ表示としている。

親子開き戸

片引き戸

片開き戸

戸袋を示す

引き違い戸

150
収める建具の枚数で変化する

(6)階段・家具・設備機器などを描く

　階段や設備機器，家具などを中線で描き込みます。階段は，1階平面図では7～8段目で斜めの破断線を入れ，それより上は描きません。上り下りの矢印は上り方向に統一し，「上り」「下り」などの文字は書きません（P6表2-3参照）。

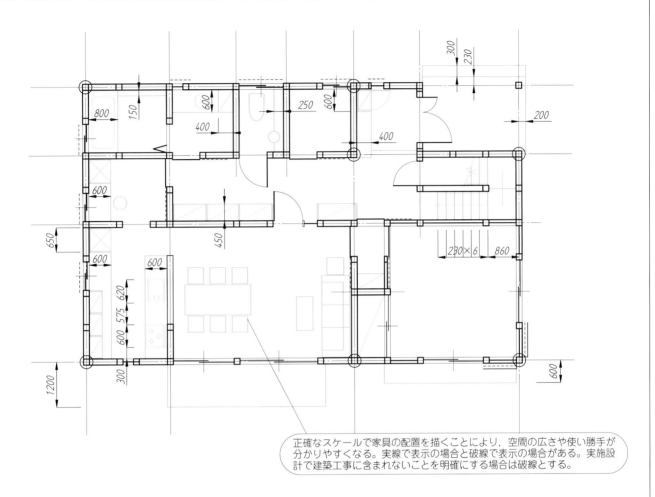

正確なスケールで家具の配置を描くことにより，空間の広さや使い勝手が分かりやすくなる。実線で表示の場合と破線で表示の場合がある。実施設計で建築工事に含まれないことを明確にする場合は破線とする。

☝ One Point Advice

－階段の平面図での表現－

　平面図は床から1m～1.5mで切断したときの水平投影図であるが，戻り階段の場合，1.5m付近がちょうど踊り場付近になり，これを忠実に表現すると図aのようになります。

　しかし，これではこの先ののぼり方向が分かりずらいので，図bのように方向を変えて2～3段のところで切断したとして表現します。

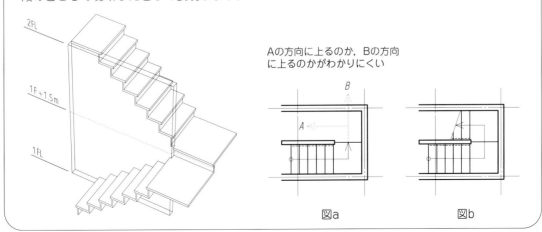

Aの方向に上るのか，Bの方向に上るのかがわかりにくい

図a　　　　図b

01

02

03

04

05

(7)床の目地を描く

　畳，タイル，フローリングなどの床の目地パターンを描きます。1/100の図面ではタイルやフローリングの目地は実際の寸法でなくてもよく，あまり細かくするとその部分が強調されすぎるので，せいぜい1mmくらいまでとし，極細線で表現します。

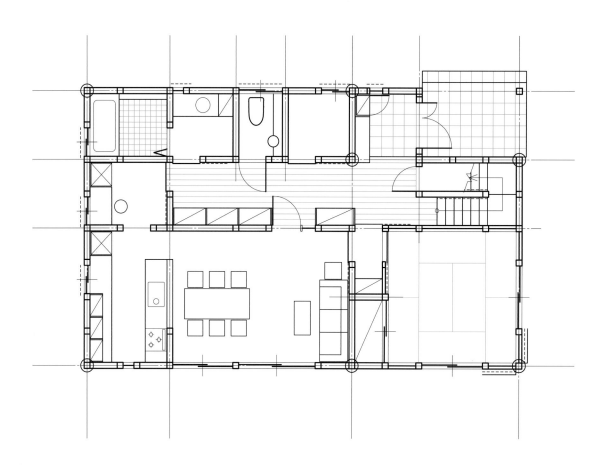

 Technique

－目地パターンを裏から描く－

　トレーシングペーパーに描く場合は，目地の線を裏から描くと，コピーすれば同じですが，表から見た目に線の濃さが少し抑えられるのと同時に，他の線を消さずに済み，あとの修正が容易になります。

　たとえば，目地を描いたあとに室名を書こうとして間違えた場合，消しゴムで消すと文字だけでなく折角描いた目地の線も消えてしまいます。もう一度目地線を描くと，ずれたり，その部分だけ線の太さが変わってしまったり，汚くなります。裏から描いておけば，こんな心配もなく消すことに神経を使う必要もなくなります。

(8)外構を描く

　敷地内の植栽，車，門，塀などの外構を描き込みます。樹木などの植栽はフリーハンドで構いません。

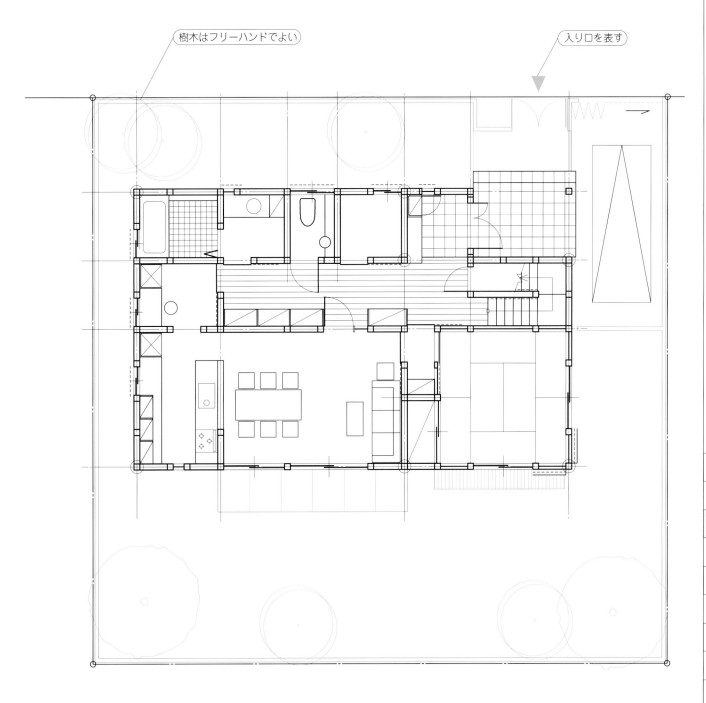

樹木はフリーハンドでよい

入り口を表す

(9)寸法，通り心符号を記入

寸法線，寸法補助線，寸法文字を書き，通り心符号を記入します。

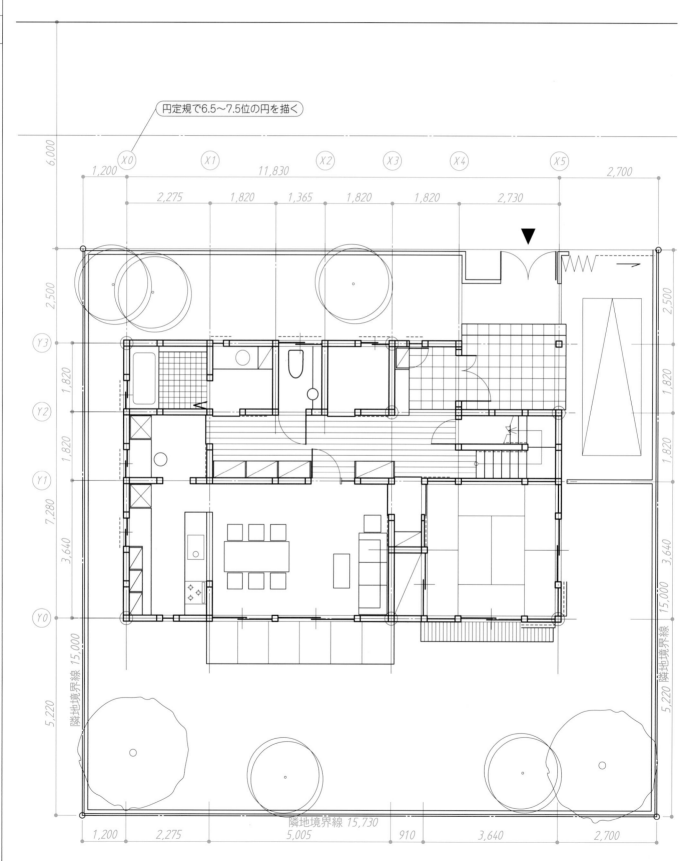

円定規で6.5〜7.5位の円を描く

(10)室名などの文字を記入

　図に重ならないように室名などの文字を記入します。室名は家具に重ならない範囲で部屋のほぼ中央に記入します。文字記入の良し悪しは図面の見栄えに大きく影響するので，大きさを統一し丁寧に書くよう注意します。大きさをそろえて水平に書くためには，あらかじめ文字を書く位置の上下に薄い線でガイドを書き，その間に文字を書く等の工夫が必要です。

　必要に応じて断面図，矩計図の切断位置と方向を記入します。

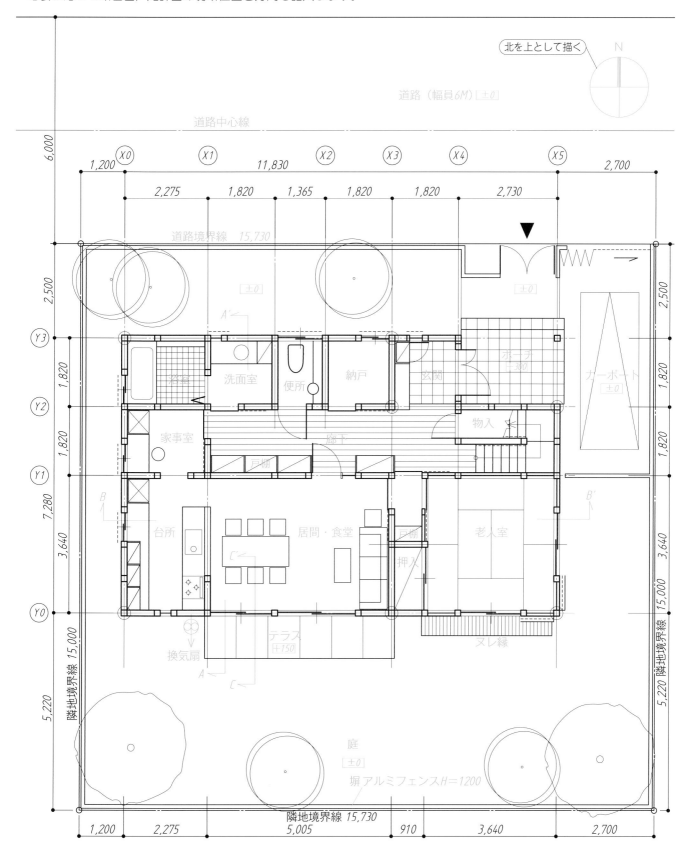

配置図兼1階平面図 S 1：100

23

04-3 配置図兼屋根伏図の完成図

下の図は屋根伏図を兼ねた配置図の例です。屋根伏図を兼ねることにより，建物全体が把握しやすいという利点があります。特に階によって大きさが異なる場合などは全体の構成が分かりやすくなります。

規模の大きな建物では，配置図は屋根伏図を兼ねることが多く，また，屋根伏図を簡略化し外形のみを示し，建物部分をハッチング（2〜3mm間隔の斜め線あるいはトレペの場合は裏から鉛筆の粉で塗るなど）で示す描き方もあります。

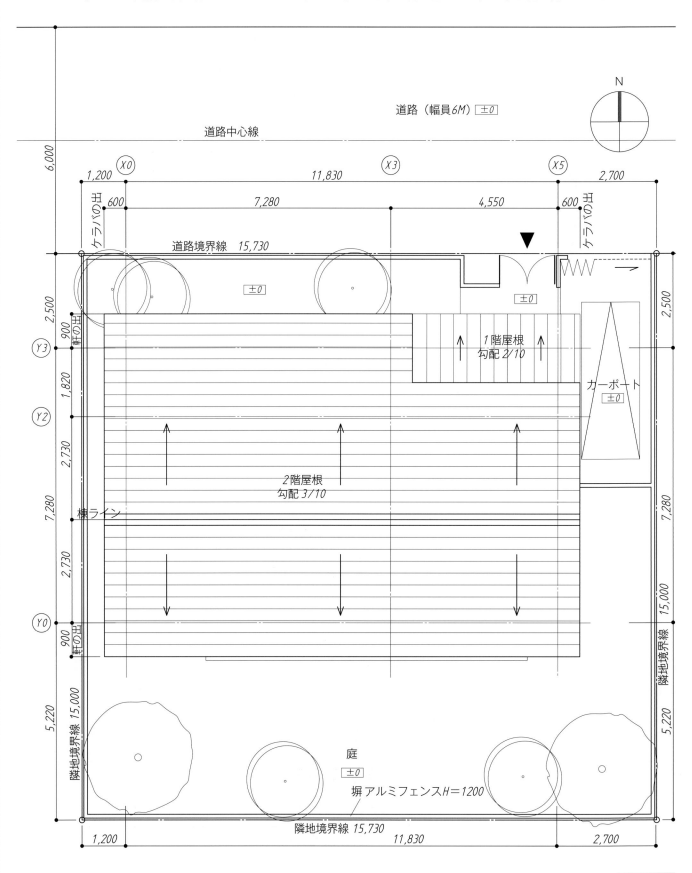

配置図兼屋根伏図 Ｓ１：１００ 完成図

屋根の形状と名称

　下の図は北側，南東側から俯瞰した図で，これを屋根伏図で表したものが左頁の図となります。

　屋根仕上げは1階屋根が長尺カラー鉄板瓦棒葺き（勾配2/10），2階屋根が化粧ストレート葺き（勾配3/10）です。

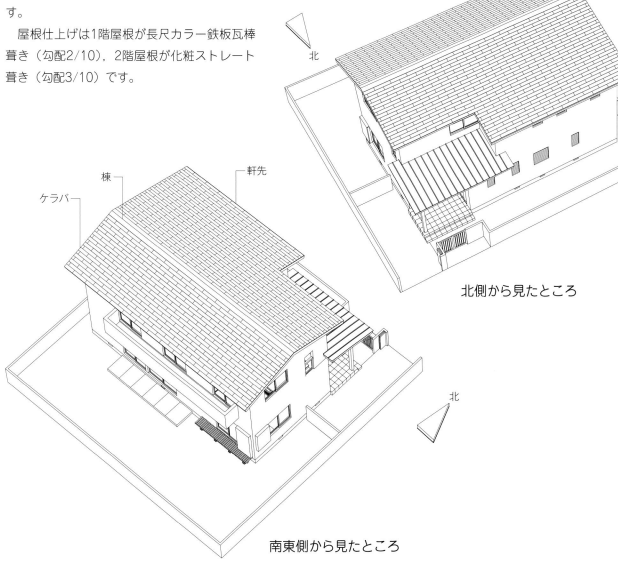

北

北側から見たところ

北

ケラバ　棟　軒先

南東側から見たところ

 Attention

－北を上とする図面について－

　原則として配置図や平面図は北を上として描きますが，これは厳密に真北方向を上ということではありません。敷地の形状や方位はさまざまで必ずしも南北に平行ではなく，建物も南北の軸線に常に平行とは限りません。あくまでおよその方向であり，基本的に建物の垂直水平ラインが紙のタテ・ヨコに平行になるように描きます。

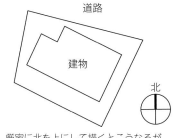

道路

建物

北

厳密に北を上にして描くとこうなるが，これでは，平行定規も使えず描きにくい

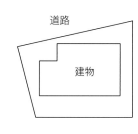

道路

建物

北

相対的に北が上ということで，あくまで建物は垂直・水平に描く。

01

02

03

04

05

25

Lesson 05　2階平面図

05-1　2階平面図での注意点

　2階平面図も1階平面図と同じように2階のFLから1m～1.5mの高さで切断したときの水平投影図で表されます。このとき，1階平面図で描いたものは省略し，吹抜けは吹き抜けている部分の対角を結び ⊠ のように表現します。階段は1階平面図で表現された部分も省略しないですべて描きます。

　ここでは，エスキースから図面を描くことに慣れるように，下のエスキースから完成図をイメージして05-2以下の手順で描き進めてみましょう。もし，完成図を見ないと難しければ，P30を見て進めましょう。

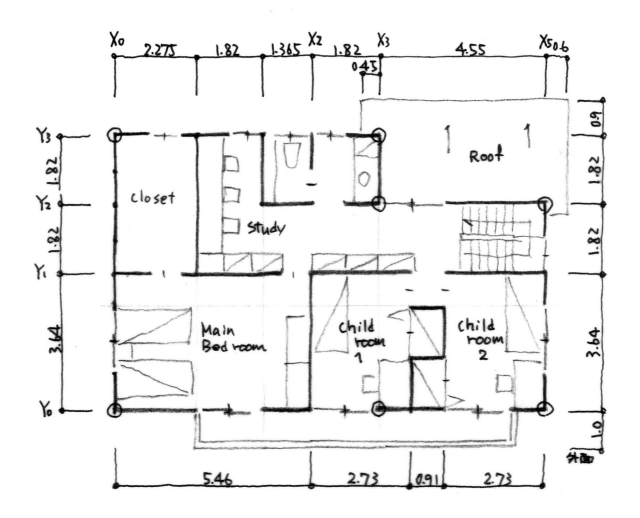

2階平面図のエスキース（S 1:100）（このエスキースをもとに完成図を見ないで描いていく。）

05-2 描き方の手順

(1)壁の中心線，壁線・柱線を下描きする

壁の中心線を描き，壁線，柱線，開口部の位置などを下描きします。

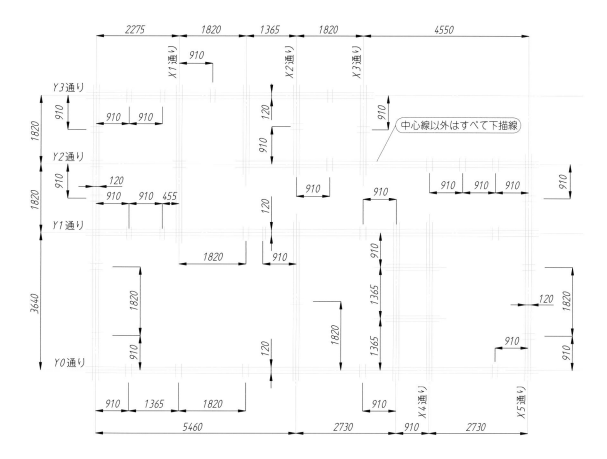

(2)壁線・柱線を仕上げる

壁線，柱線を太線で仕上げます。

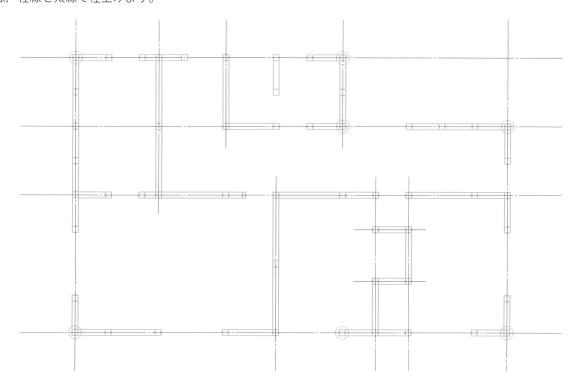

(3)開口部（出入り口・窓）を描く

出入り口や窓などの開口部を描きます。

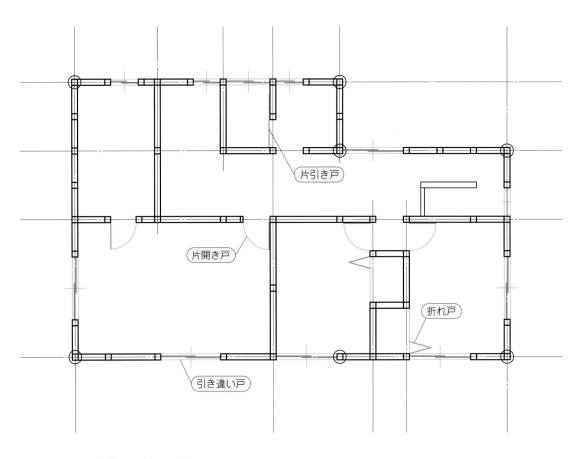

片引き戸

片開き戸

折れ戸

引き違い戸

(4)階段・家具・設備機器などを描く

階段や設備機器，家具を描きます。階段の表示は2FL＋1m～1.5mの位置で切断し，見下げたときに見える部分は省略せずすべて描きます。

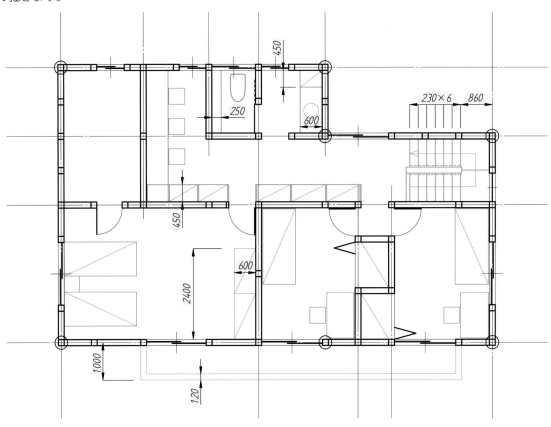

（5）床の目地，1階屋根を描き込む

フローリングなどの床の目地パターンを描き，1階屋根の軒，ケラバおよび屋根葺き材の目地を描きます。

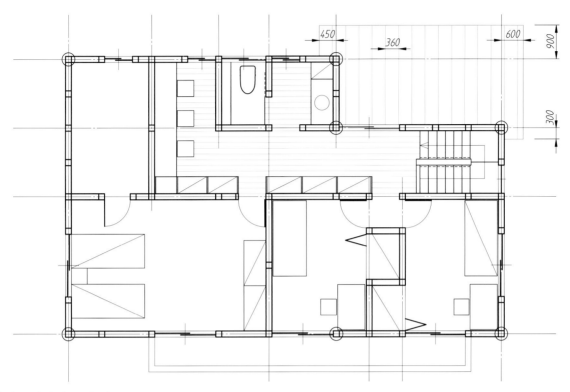

（6）寸法，文字を記入する

寸法線，寸法文字，通り心符号および室名などの文字を記入します。

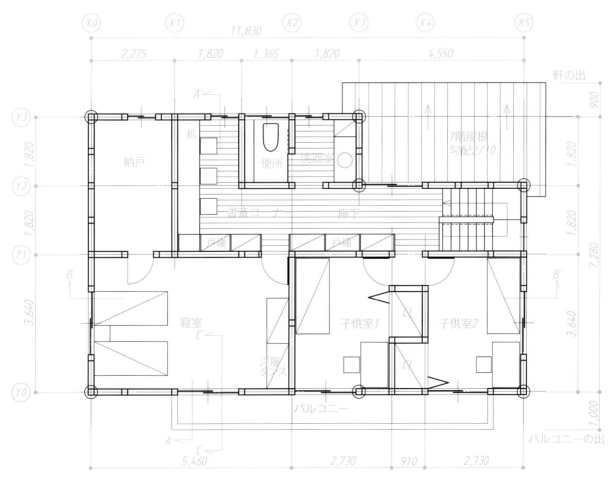

2階平面図 S 1：100

01

02

03

04

05

29

(7)2階平面図の完成図

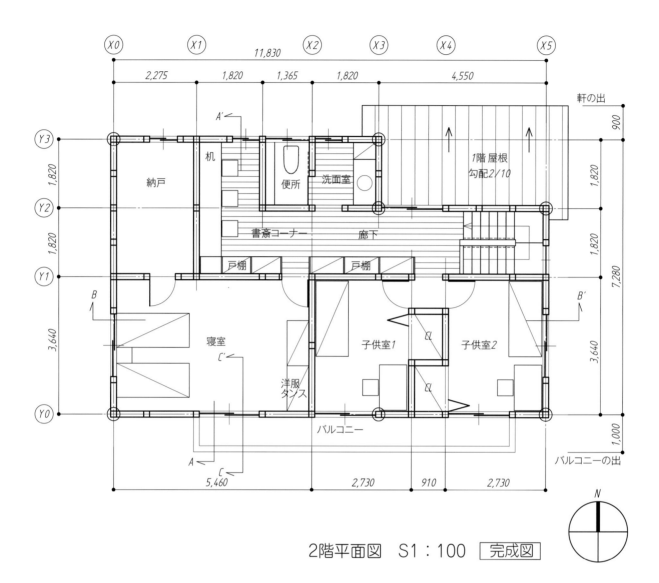

2階平面図　S1：100　完成図

Lesson 06　断面図

06-1　断面図とは

　断面図は垂直に切断した直立面への投影図で，おもに高さ方向の関係を表します。建物全体の高さ，階の高さ，天井の高さ，開口部の高さなどを示します。切断ラインは平面的に必ずしも一直線である必要はありません（P7のB－Bの切断ラインを参照）。（なお，平面図の切断位置は，P12の建物の概要，P15の1階平面図，P30の2階平面図を参照）。縮尺は一般に平面図と同じとし，住宅では1/100または1/50で描かれます。

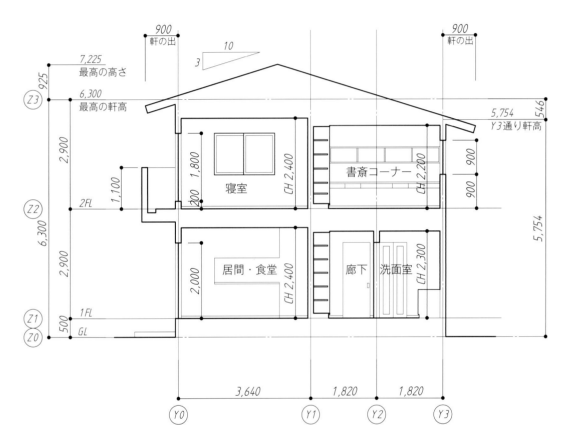

A-A'妻方向断面図 Ｓ１：100　完成図

 Technique

－屋根の勾配線の描き方－

　屋根の勾配は勾配定規を使うと容易に描けますが，使わない場合は，キリのいい長さ（10cmなど）を水平にとり，その長さに勾配（3/10など）の値を掛けた寸法を垂直距離とした点を通る線を引きます。

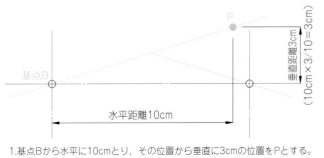

1.基点Bから水平に10cmとり，その位置から垂直に3cmの位置をPとする。
2.基点から点Pを通る線を引けば，これが勾配3/10のラインとなる。

06-2 描き方の手順

(1)壁の中心線,高さの基準線,屋根の基準線（垂木の下端）を描く

　GLライン,各階の床,軒のライン,壁の中心線および外壁の中心線と軒ラインの交点を通る屋根の基準線を描きます。屋根の基準線は垂木の下端を表し,屋根勾配の角度となります。

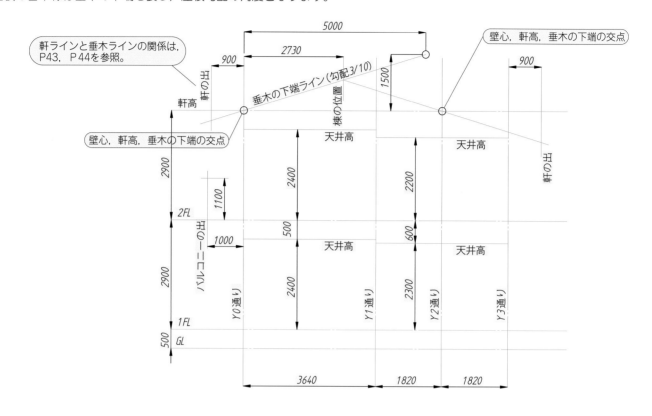

(2)壁,天井,開口部,屋根を下描きする

　壁の中心線の左右に壁厚の1/2ずつの寸法で壁線を下描きし,開口部の高さ,天井高さを下描きします。屋根の基準線の上側に「垂木サイズ＋野地板＋屋根材」に相当する約100mmとり,下描きします。

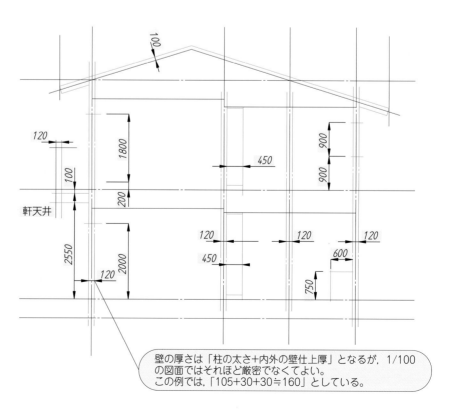

(3)壁，天井，開口部，屋根を仕上げる

下描き線をもとに断面線を仕上げます。

断面線は太線

(4)壁面の姿図を下描きする

断面図の切断位置から切断方向に見える壁や開口部を下描きします。

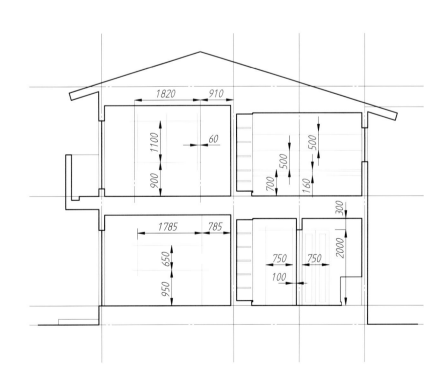

(5)壁面の姿図を仕上げる

　下描きをもとに壁面の姿図を仕上げます。姿図は本来中線であるが，1/100の断面図の場合，寸法や室名などの文字が入いると読みにくくなるので細線とします。

(6)寸法，文字を記入する

　建物高さ，階の高さ，天井・開口部の高さなどの寸法を記入し，室名等の文字を記入します。天井高さや室名などは壁面の姿図と重なって読みにくくならないように記入位置に注意します。

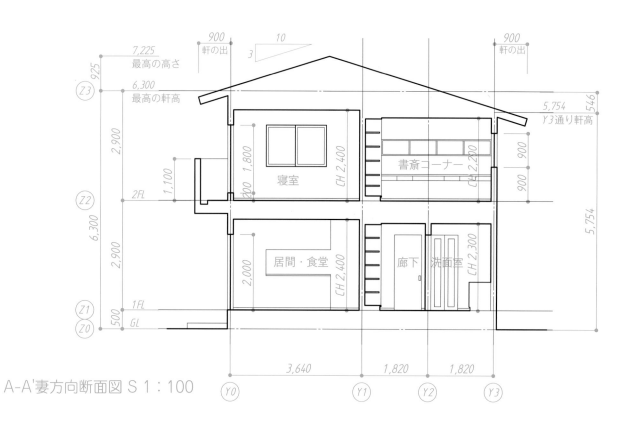

A-A'妻方向断面図 S 1：100

06-3　桁方向の断面図の完成図

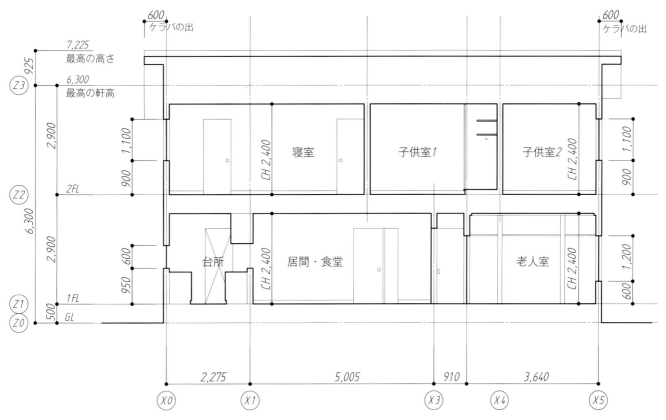

600
ケラバの出

600
ケラバの出

7,225
最高の高さ

925

Z3　6,300
最高の軒高

2,900

1,100

寝室

子供室1

子供室2

CH 2,400

1,100

900

CH 2,400

900

Z2　2FL

6,300

2,900

600

台所

CH 2,400

居間・食堂

老人室

CH 2,400

1,200

950

600

Z1　1FL

500

Z0　GL

2,275　　5,005　　910　　3,640

X0　　X1　　　X3　　X4　　X5

B-B'桁方向断面図 S 1：100　完成図

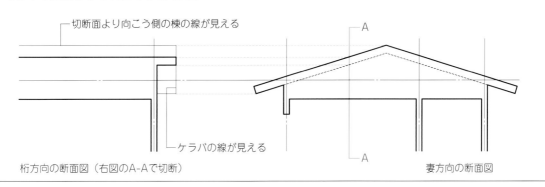

👆 One Point Advice

－妻方向の断面図と桁方向の断面図の関係－

　この建物の場合，妻方向の屋根の断面図はどこで切ってもあまり変化はありませんが，桁方向の断面を描く場合，どの位置で切り，どちらを見るかによって見え方が変わってきます。棟より軒側で切り，棟方向を見たときには，切断位置の断面線のほかに，下の図で示すように棟の線やケラバの線が見えてくるので注意しなければなりません。

切断面より向こう側の棟の線が見える

A

ケラバの線が見える

A

桁方向の断面図（右図のA-Aで切断）　　　　　　　　妻方向の断面図

Lesson 07　立面図

07-1　立面図とは

　立面図は，建物の外壁面の直立面への投影図で通常は東西南北の4面が表されます。縮尺は一般に平面図と同じとし，住宅では1/100または1/50で描かれます。立面図には，屋根，外壁，開口部など外から見えるものを表現しますが，木造の場合には破線で筋違いを記入することもあります。

　高さ方向の寸法については，基準線のみ描き，寸法を省略する場合もありますが，ここでは寸法を記入した例を示します。

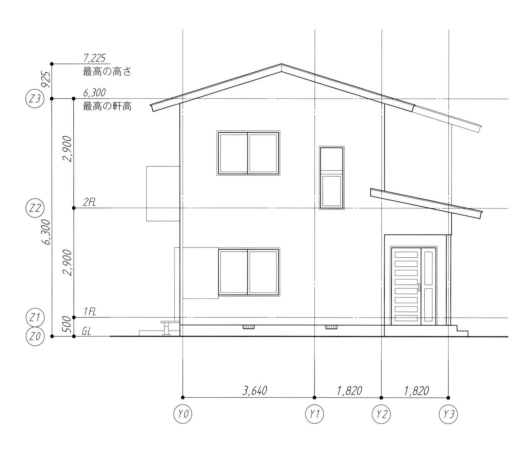

東側立面図　S1：100　完成図

07-2 描き方の手順

(1)壁の中心線，高さの基準線，屋根の基準線（垂木の下端）を描く

　GLライン，各階の床，軒のライン，壁の中心線および外壁の中心線と軒ラインの交点を通る屋根の基準線を描きます。

屋根の基準線は垂木の下端を表し，屋根勾配の角度となります（屋根の勾配ラインの描き方はP32を参照）。

　<u>正確に立面図を製図するには，断面図がある程度決まっていないと描けません。</u>

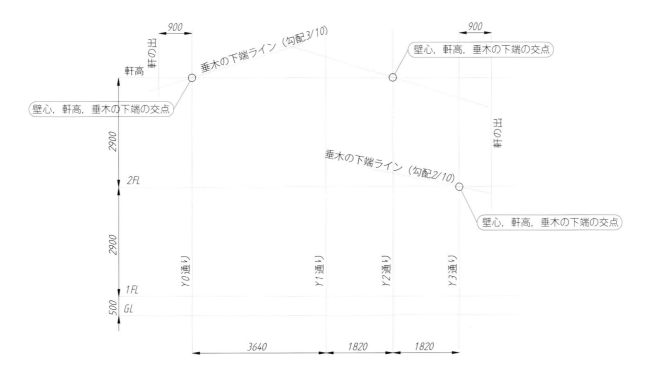

(2)壁線，屋根線を下描きする

　軒の出，屋根線・外壁線・玄関ポーチの軒先などを下描きします。

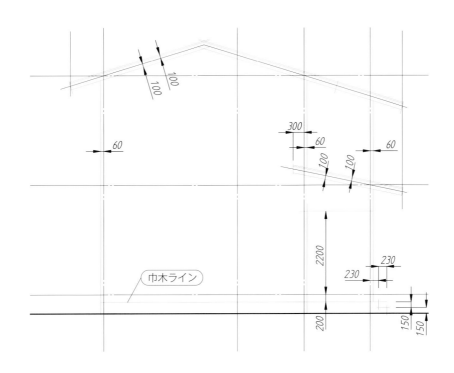

（3）開口部を下描きする

　開口部の位置は平面図と食い違いがないように，また，高さは断面図と食い違いがないように下描きします。

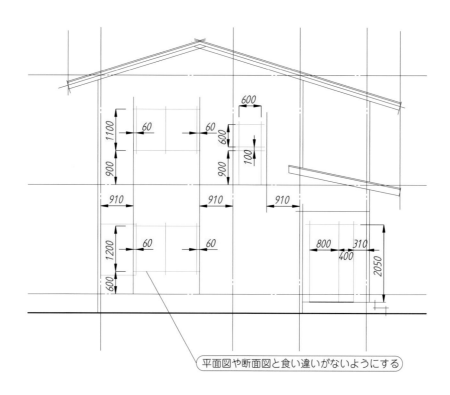

平面図や断面図と食い違いがないようにする

（4）開口部，屋根の線を仕上げる

　外壁の線を中線でGLから破風板の下端まで描きます。壁面に凹凸がある場合は凸部の外側にも壁線が表れる（下図の＊印の線）ので忘れないようにします。

　さらに，下描き線をもとに開口部を仕上げます。

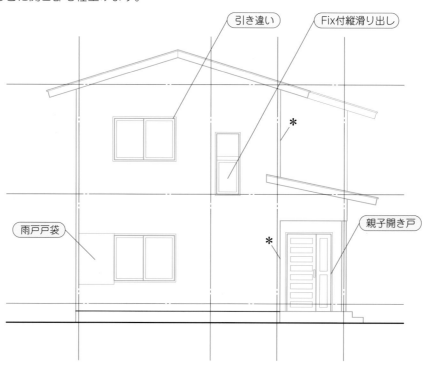

引き違い　　Fix付縦滑り出し

雨戸戸袋　　親子開き戸

注）立面図に現れる建具の開閉記号を表示する場合もありますが，この作図例では表示していません。

（5）床下換気口，幅木，外壁の目地等を描く

　床下換気口は開口部の中央に来るように配置する。その他雨戸，戸袋，テラス，デッキなどがあれば描き込みます。側面にあるバルコニーや戸袋また奥にある屋根なども細線で描き込みます。

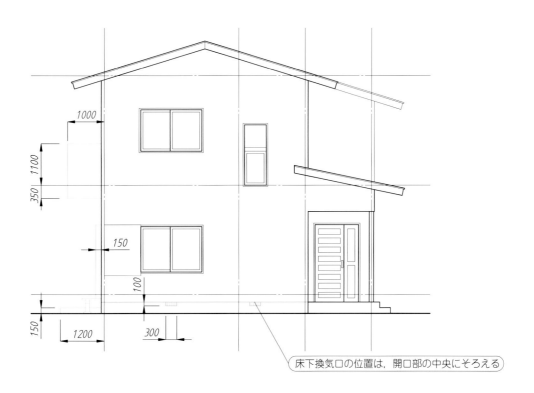

床下換気口の位置は，開口部の中央にそろえる

（6）寸法，文字の記入

　寸法，文字を記入します。

東側立面図　S1：100

07-3 南側立面図の完成図

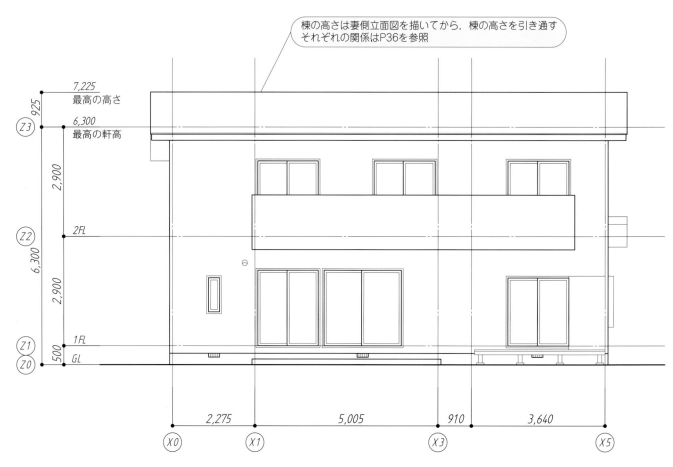

棟の高さは妻側立面図を描いてから，棟の高さを引き通す
それぞれの関係はP36を参照

南側立面図 S 1：100 完成図

 One Point Advice

－各部の高さ－

　各部の高さは快適性・安全性や法規制などで決められますが，過去の経験から標準的な値が用いられるものもあります。

一例として

天　井　高：2400（法的には住宅の居室は2100以上）

建具内法高：1800または2000（和室は1800が多い）

1 階 床 高：500（法的には木造の床組の場合450以上）

階　　　　高：3000前後（階高＝天井高＋天井ふところ であるが，天井ふところは，梁などの構造材の
　　　　　　　寸法や設備配管などで決まる）

窓　　　　高：一般の窓は900，便所，洗面などは1100程度，和室は450〜600が目安であるが，2階の
（腰壁高）　　場合は安全性を考え，1100の位置に手すりを設ける場合もある。

バルコニー等の手すり：1100（法規制を準用する）

　　　　　　　　（スノコを敷く場合はスノコ上端から1100とする）

Lesson 08　矩計図
08-1　矩計図とは

　矩計図は,標準となる箇所の垂直断面の詳細を示すもので,基準となる高さ(床,天井,開口,軒など)や納まり,仕上材料が表されます。

　縮尺は1/30,1/20などとしますが,用紙に納まらない場合は90度回転させて用紙の左を上,右を下として描く場合もあります。通常は建物全体の断面を描くのではなく,外壁から1~2m程度の範囲で,建物の標準的な納まりを示すように描きます。

※バルコニーの出1000とは突出部の先端をいう。(建築面積の除外の為)

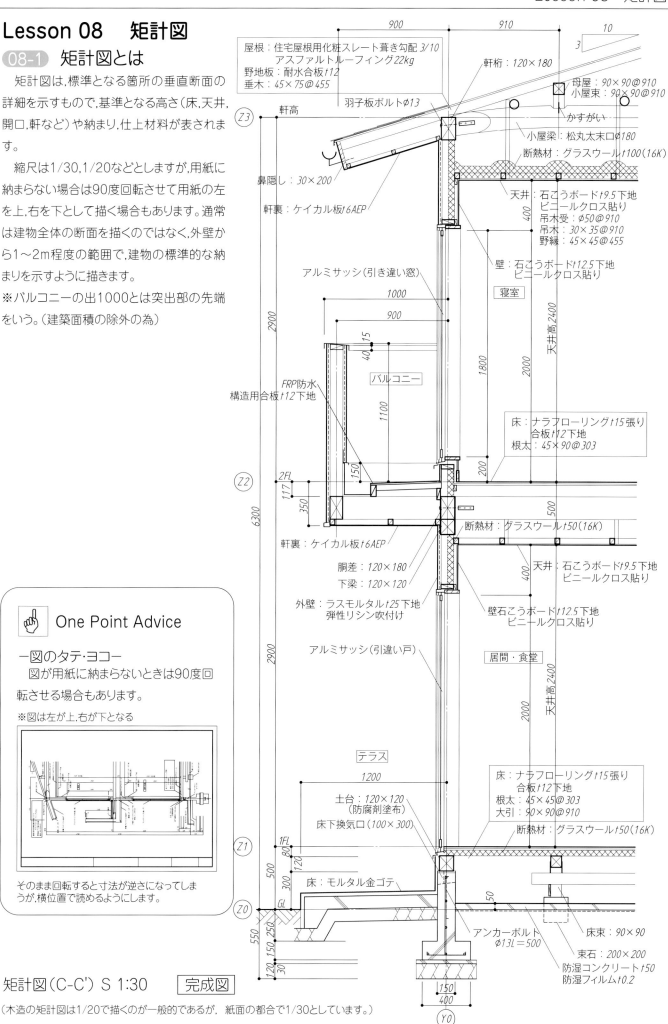

屋根:住宅屋根用化粧スレート葺き勾配 3/10
　　　アスファルトルーフィング22kg
野地板:耐水合板t12
垂木:45×75@455

羽子板ボルトφ13

軒桁:120×180

母屋:90×90@910
小屋束:90×90@910

かすがい

小屋梁:松丸太末口φ180

断熱材:グラスウールt100(16K)

軒高

鼻隠し:30×200

軒裏:ケイカル板t6AEP

天井:石こうボードt9.5下地
　　　ビニールクロス貼り
吊木受:φ50@910
吊木:30×35@910
野縁:45×45@455

壁:石こうボードt12.5下地
　　ビニールクロス貼り

寝室

天井高2400

アルミサッシ(引き違い窓)

1000
900

40
15

バルコニー

FRP防水
構造用合板t12下地

1100

150

床:ナラフローリングt15張り
　　合板t12下地
根太:45×90@303

2FL

117
350

断熱材:グラスウールt50(16K)

軒裏:ケイカル板t6AEP

胴差:120×180
下梁:120×120

天井:石こうボードt9.5下地
　　　ビニールクロス貼り

外壁:ラスモルタルt25下地
　　　弾性リシン吹付け

壁石こうボードt12.5下地
　　ビニールクロス貼り

居間・食堂

天井高2400

アルミサッシ(引違い戸)

テラス

1200

床:ナラフローリングt15張り
　　合板t12下地
根太:45×45@303
大引:90×90@910

土台:120×120
　　　(防腐剤塗布)

床下換気口(100×300)

断熱材:グラスウールt50(16K)

1FL

床:モルタル金ゴテ

アンカーボルト
φ13L=500

床束:90×90

GL

束石:200×200
防湿コンクリートt50
防湿フィルムt0.2

One Point Advice

－図のタテ・ヨコ－
　図が用紙に納まらないときは90度回転させる場合もあります。

※図は左が上,右が下となる

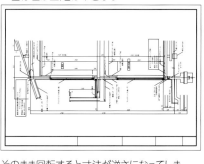

そのまま回転すると寸法が逆さになってしまうが,横位置で読めるようにします。

矩計図(C-C') S 1:30　　完成図

(木造の矩計図は1/20で描くのが一般的であるが,紙面の都合で1/30としています。)

41

08-2 各部の名称

各部の名称や位置などは，平面図や立面図，断面図，各伏図も併せて見ながらチェックしておくとよいでしょう。

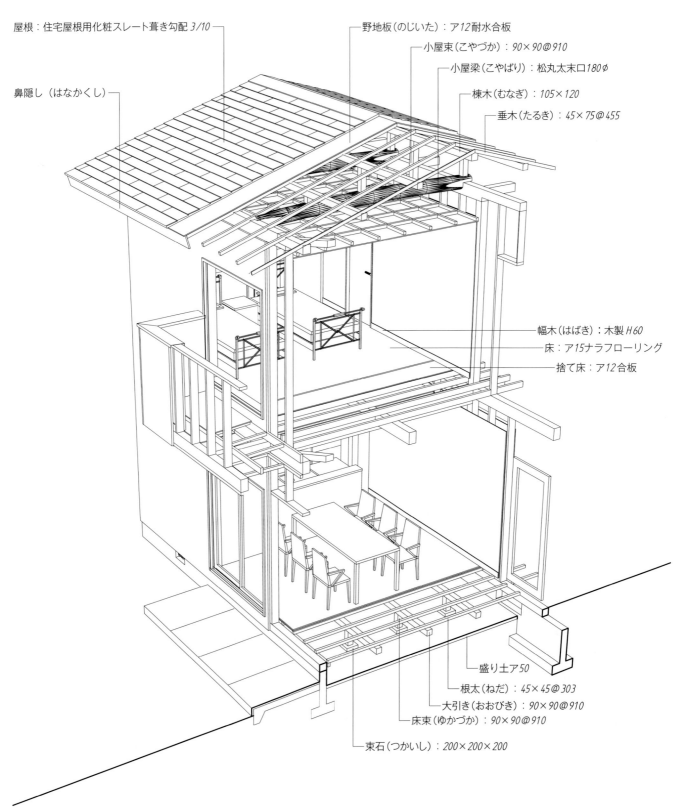

屋根：住宅屋根用化粧スレート葺き勾配 *3/10*

鼻隠し（はなかくし）

野地板（のじいた）：ア*12*耐水合板

小屋束（こやづか）：*90×90@910*

小屋梁（こやばり）：松丸太末口*180φ*

棟木（むなぎ）：*105×120*

垂木（たるき）：*45×75@455*

幅木（はばき）：木製 *H60*

床：ア*15*ナラフローリング

捨て床：ア*12*合板

盛り土ア*50*

根太（ねだ）：*45×45@303*

大引き（おおびき）：*90×90@910*

床束（ゆかづか）：*90×90@910*

束石（つかいし）：*200×200×200*

08-3　描き方の手順

(1)壁の中心線,
**　　高さの基準線を描く**

　壁の中心線, GL, 各階の床, 天井, 軒の
ラインやバルコニーの線などを下描きしま
す。　壁の中心線と軒ラインとの交点を通
る屋根の勾配線を描きます。これが屋根の
基準線となり, 垂木の下端となります。

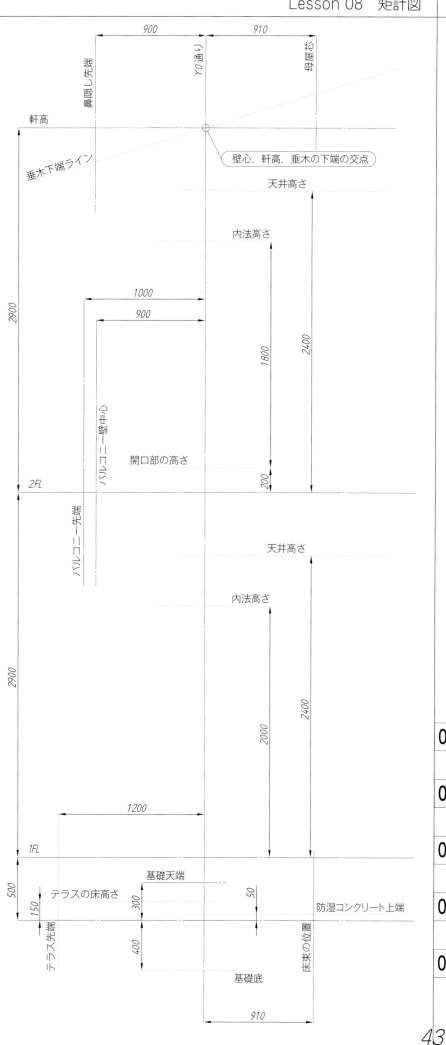

One Point Advice

－図の描き始め－

　一番最初の描き出しは用紙の中の
どの位置に描くかを決めたら, GLを
最初に描くのが一般的です。次に,
壁心, 1FL, 2FL, 軒ライン, 垂木
下端ライン, 天井ライン, 開口ライ
ンと進めていくとよいでしょう。

　特に決まっているわけではありま
せんが, 原則は下から上へ, 左から
右へあるいは同種のものをまとめて
描くなどが自然の流れです。

01

02

03

04

05

43

(2)外壁，屋根，基礎，開口部，天井，
　床などを下描きする

　基準線をもとに柱幅，内外の壁の仕上厚，
垂木のライン，基礎のラインなど主要な部
分を下描きします。

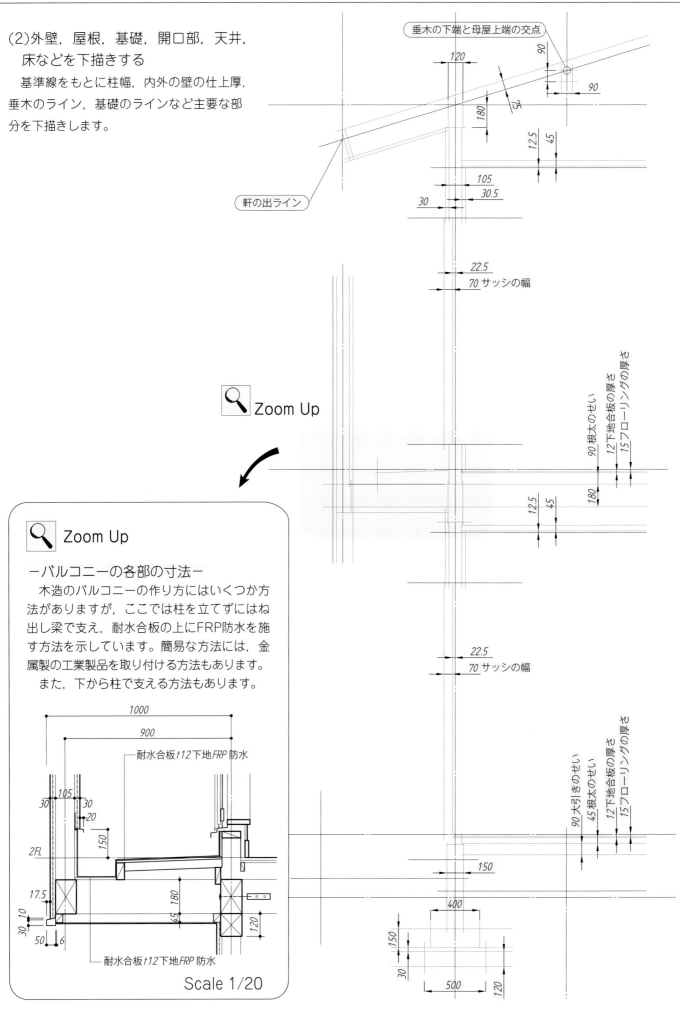

垂木の下端と母屋上端の交点

120

90

90

180

75

12.5

45

105

30.5

30

22.5

70 サッシの幅

軒の出ライン

🔍 Zoom Up

90 根太のせい
12 下地合板の厚さ
15 フローリングの厚さ

180

12.5

45

22.5

70 サッシの幅

🔍 Zoom Up

－バルコニーの各部の寸法－

　木造のバルコニーの作り方にはいくつか方
法がありますが，ここでは柱を立てずにはね
出し梁で支え，耐水合板の上にFRP防水を施
す方法を示しています。簡易な方法には，金
属製の工業製品を取り付ける方法もあります。
　また，下から柱で支える方法もあります。

1000

900

耐水合板 t12 下地 FRP 防水

30

105

30

20

150

2FL

17.5

45 180

120

30 10

50 6

耐水合板 t12 下地 FRP 防水

Scale 1/20

90 大引きのせい
45 根太のせい
12 下地合板の厚さ
15 フローリングの厚さ

150

400

150

30

500

120

(3)根太，野縁などの補助構造材やサッ
　シの細部などを下描きする
　前のステップに続いて，補助構造材や開
口部などの細部を下描き線で描き加えます。

松梁のラインは，円弧定規を使うときれいに描けるが，
なければフリーハンドでもよい。

455　455　455

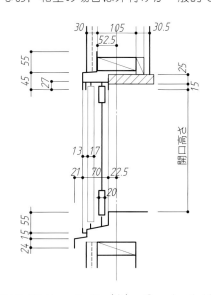

🔍 Zoom Up

－アルミサッシの寸法－
　最近の住宅では，防火上の制限もあり，
外部の窓は木製の建具がほとんど使われず，
アルミサッシとなっています。
　木造用のアルミサッシには，柱面に対す
る取り付け位置から，外付け，内付け，半
外付けがあります。ここでは，比較的多く
使われる半外付けの例を示しています。
　なお，和室の場合は外付けが一般的です。

アルミサッシの寸法　Scale 1/10

🔍 Zoom Up

455　455　455

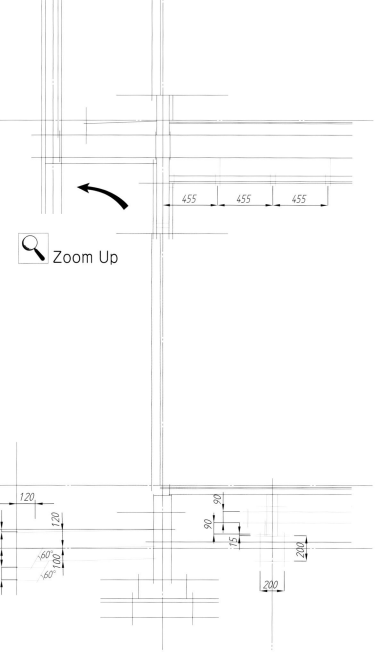

01
02
03
04
05

45

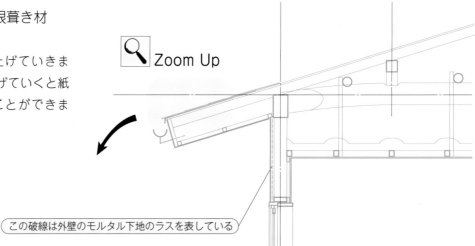

(4)構造部材，開口部，屋根葺き材
　などを描き込む
　下描きをもとに各部を仕上げていきま
す。このとき上から順に仕上げていくと紙
を汚さないできれいに描くことができま
す。

 Zoom Up

Zoom Up

この破線は外壁のモルタル下地のラスを表している

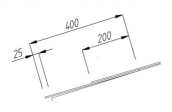

－化粧スレートの寸法－
　正確な寸法はメーカーの仕様によ
り異なるが，標準的なものはおよそ
90cm×40cm，厚さ6mm程度です。
葺き方は流れ方向（40cmの方）に
半分ずつ重ねながら葺きます。従っ
て，半分の20cmが見えてきます。

 Attention

－線の使い分け－
　下描きをもとに仕上げるときには，
断面線（太線），外形線（中線）の
使い分けを注意しなければなりませ
ん。部材を切ったときの断面は断面
線，部材を外から見ているときは外
形線ということになります。
　ただし，部材断面を表す線が板材
のように線と線の間隔が狭くなる場
合には，両方とも太くすると塗りつ
ぶれてしまうので，室内（または室
外）から見える側だけを太くし，も
う一方は中線や細線とすると塗りつ
ぶされず見やすくなります。

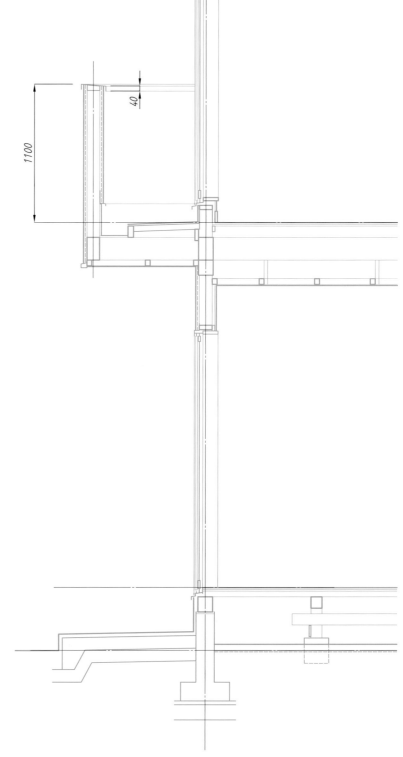

02

木造住宅の図面

(5)基礎の鉄筋，ハッチング等
　および金物を描き込む

　基礎の鉄筋，断熱材・造作材のハッチングを描き込み，金物類を描き込みます。

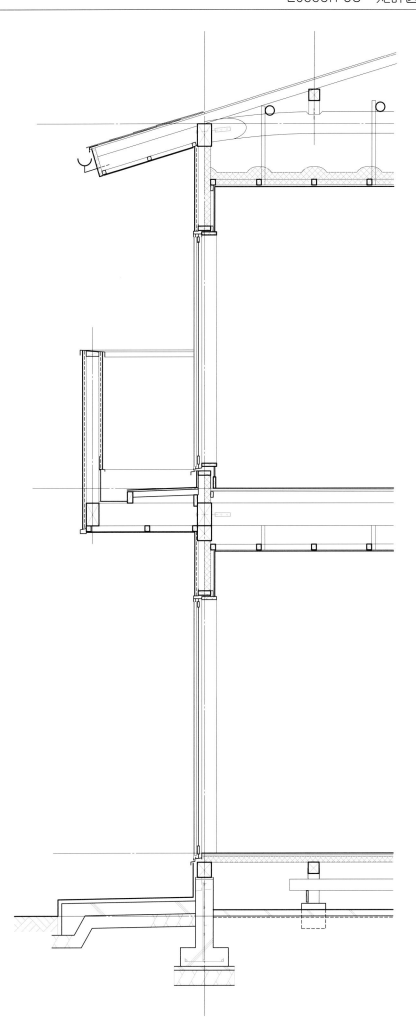

01
02
03
04
05

🔧 Technique

　－ハッチングの線の間隔－
　断熱材やコンクリート，造作材のハッチングの線の間隔は0.5mm〜2mm程度で縮尺や部材の大きさにより使い分けます。1/5・1/2程度の図面では線の間隔は荒く，1/20・1/30程度では細かくなります。
　この例では，断熱材のクロスハッチは1mm程度，コンクリート3本線は0.5mmの間隔で表しています。なお，ハッチングの線種は極細線で少しタッチは弱めにするとよいでしょう。
　トレーシングペーパーを使う場合はハッチングだけ最後に裏から描く方法もあります。こうすると，修正の際ほかの線と一緒に消えることがないので便利です。

47

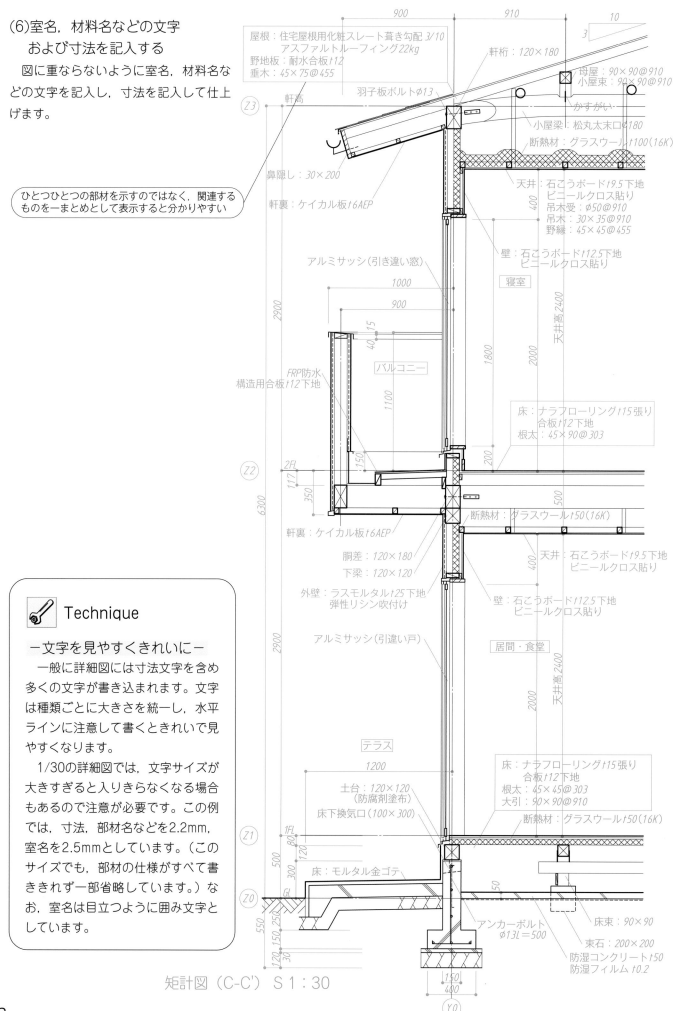

（6）室名，材料名などの文字
および寸法を記入する

図に重ならないように室名，材料名などの文字を記入し，寸法を記入して仕上げます。

> ひとつひとつの部材を示すのではなく，関連するものを一まとめとして表示すると分かりやすい

🔧 Technique

－文字を見やすくきれいに－

一般に詳細図には寸法文字を含め多くの文字が書き込まれます。文字は種類ごとに大きさを統一し，水平ラインに注意して書くときれいで見やすくなります。

1/30の詳細図では，文字サイズが大きすぎると入りきらなくなる場合もあるので注意が必要です。この例では，寸法，部材名などを2.2mm，室名を2.5mmとしています。（このサイズでも，部材の仕様がすべて書ききれず一部省略しています。）なお，室名は目立つように囲み文字としています。

矩計図（C-C'）S 1：30

Lesson 09　展開図
09-1　展開図とは

　展開図は部屋の壁の立面を表した図で部屋の形状や仕上げ，設備などを表します。水平方向は壁の中心線を基準とし部屋の内側の壁のみを表し外側の壁は表示しません。高さ方向は床仕上げから天井仕上げまでの範囲を表し，下地などは通常表しません。寸法は壁の中心間の寸法，天井高さ，開口高さなどを記入します。

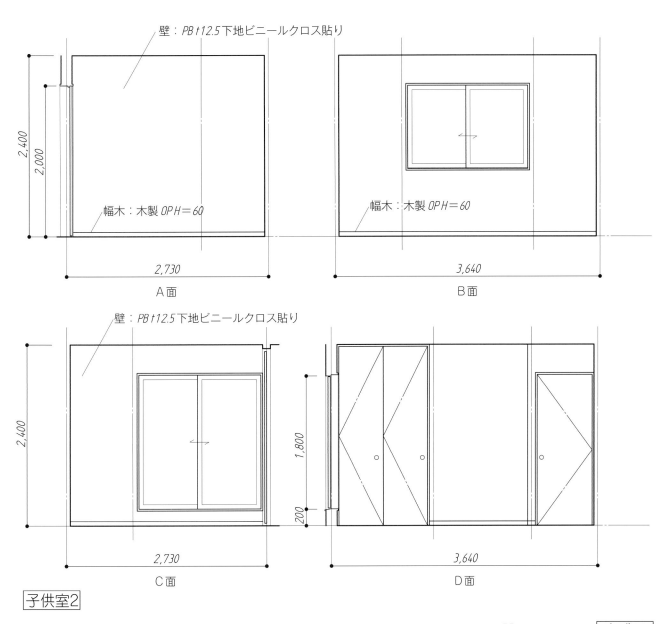

子供室2

展開図 S 1：50　完成図

09-2 展開図の描き方

(1)壁の中心線・床天井線を描く

部屋の両側の壁中心線,床ライン,内法ライン,天井ラインを部屋ごとに,まとめて描いていきます。部屋の各面は符号を付け,各面の間を2〜3cm程度ずつあけて配置します。

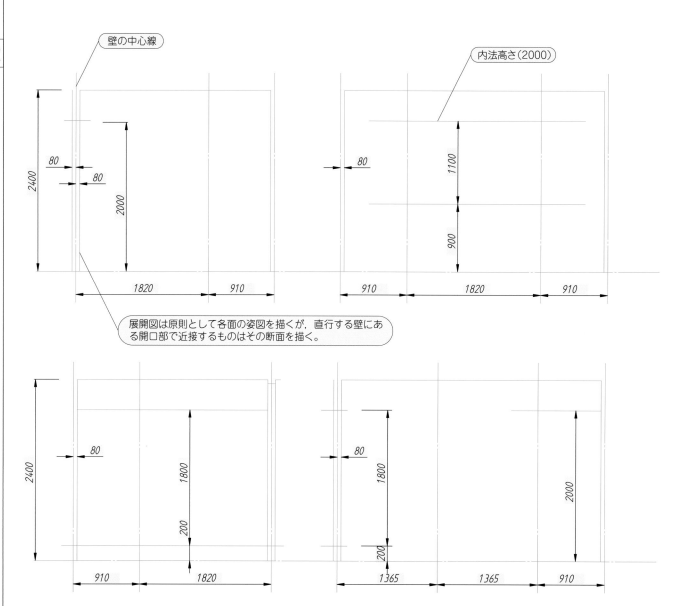

壁の中心線

内法高さ(2000)

展開図は原則として各面の姿図を描くが,直行する壁にある開口部で近接するものはその断面を描く。

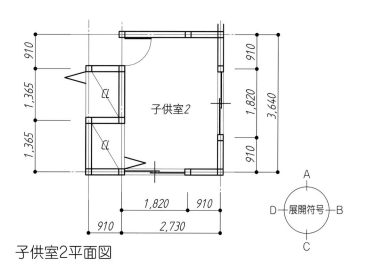

子供室2平面図

作図例として,2階の子供室2(左図)のひと部屋のみを表しています。

展開図は原則として部屋ごとに,壁の方向を表す符号を設定し,その符号順に並べて描きます。展開方向の符号は,一般に時計の12時の方向を上として時計回りにA,B,C,Dと決めています。(住宅などでは,北,東,南,西の順とすることもあります。)

なお,展開符号(記号)は平面詳細図などに表記します。

(2)壁線を仕上げ，建具，寸法，文字を記入

　壁線を太線で仕上げたら，建具，幅木など見えるものを記入し，寸法，文字を記入し仕上げる。

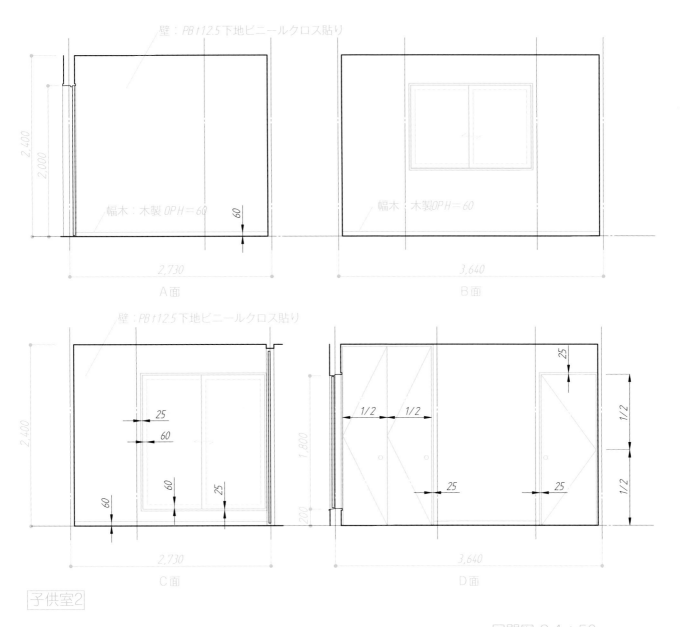

展開図 S 1：50

（3）展開図の用紙へのレイアウト例

展開図をA3サイズの用紙に納めた例を示します。

A2用紙に３段のレイアウトの例

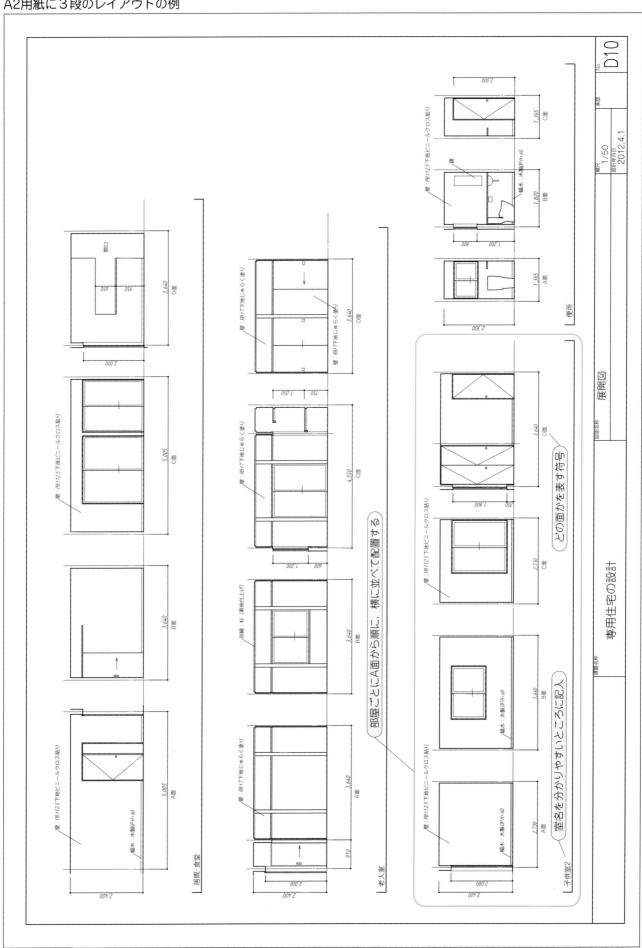

Lesson 10　天井伏図

10-1　天井伏図とは

　天井伏図は，天井の見上げ図であるが，他の図面と違い正投影図ではなく，鏡像投影図法によって表現されます。鏡像投影法とは，床に置いた鏡に映る対象物を描く図法です。天井の上から天井が透けて見える像を描くと表現されることもありますが，同じことです。天井伏図には，天井形状，室名，仕上げ（仕上名と仕上材の目地割り），設備機器（照明器具や換気扇，エアコンなど），天井点検口などを表現し，外部の軒天井や階段の上げ裏なども描きます。縮尺は一般的には平面図と同一とします。

（この作図例では，設備機器の記入は略しています。）

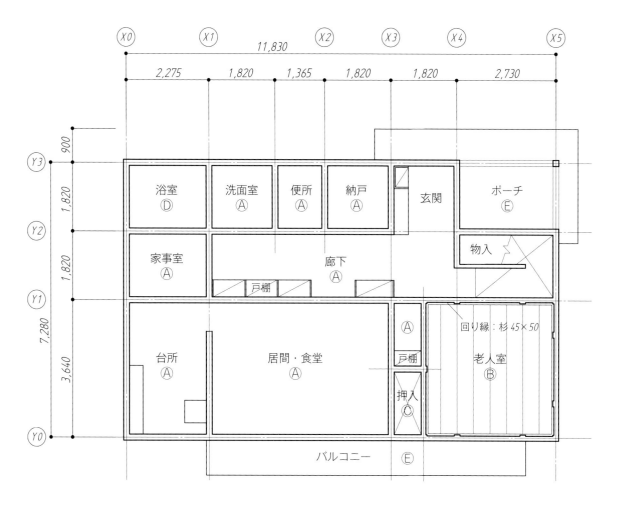

凡　例

	仕上げ
Ⓐ	PB t12.5下地ビニールクロス貼り
Ⓑ	杉柾敷目板張り
Ⓒ	ラワン合板 t5.5張り
Ⓓ	ユニットバス天井
Ⓔ	ケイカル板 t6張り AEP

※ 特記なき回り縁は塩ビ製とする

1階天井伏図 S 1:100　完成図

＊天井の仕上げは，図の中に記入する
　場合と凡例で示す場合とがあります
　が，ここでは図の中に書くとわかり
　づらいため凡例で示しています。

10-2 天井伏図の描き方

(1)壁の中心線・壁ラインを描く

壁の中心線を描き，平面図と同じように，壁厚に相当する線を描きます。ここでは，天井まで達しない開口部は無視します。

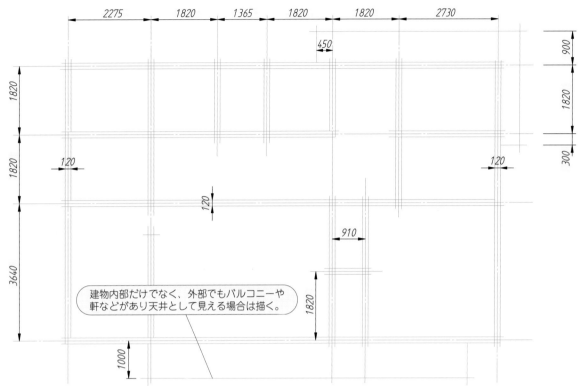

建物内部だけでなく、外部でもバルコニーや軒などがあり天井として見える場合は描く。

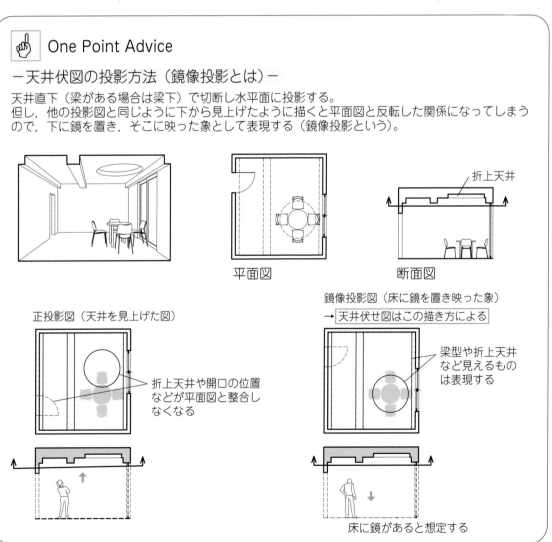

☝ One Point Advice

－天井伏図の投影方法（鏡像投影とは）－

天井直下（梁がある場合は梁下）で切断し水平面に投影する。
但し，他の投影図と同じように下から見上げたように描くと平面図と反転した関係になってしまうので，下に鏡を置き，そこに映った象として表現する（鏡像投影という）。

折上天井

平面図   断面図

正投影図（天井を見上げた図）

鏡像投影図（床に鏡を置き映った象）
→ 天井伏せ図はこの描き方による

折上天井や開口の位置などが平面図と整合しなくなる

梁型や折上天井など見えるものは表現する

床に鏡があると想定する

(2)壁線を仕上げる

　下描き線を基に壁線を仕上げます。和室の真壁の場合には，平面図を見ながら柱の部分と壁の部分を区別して仕上げていきます。

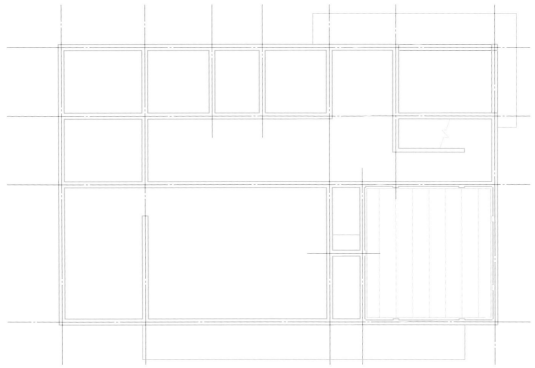

(3)寸法線・仕上げ名・目地等を描いて仕上げる

　寸法線，室名，各室の仕上げ，目地を描いて仕上げていきます。1/100の縮尺の場合，部屋が小さい場合，仕上げの表記が納まらないときは，引き出し線で外に引き出して記入します。回り縁がある場合は回り縁も記入します。（ただし），プラスチック製の回り縁など見付けが小さい場合は縮尺によっては省略します。

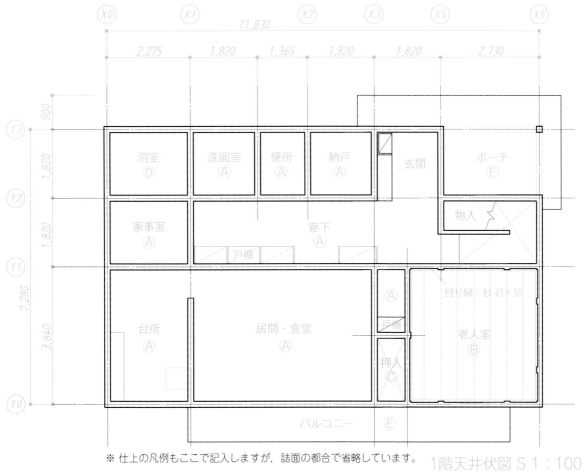

※ 仕上の凡例もここで記入しますが，誌面の都合で省略しています。

1階天井伏図 S 1：100

(4)2階天井伏図の完成図

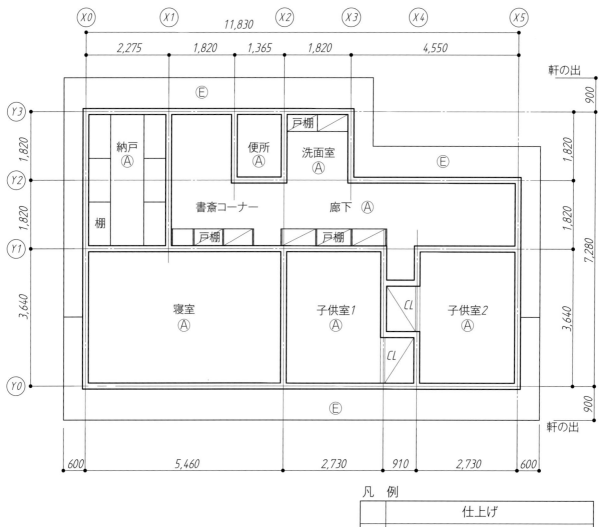

凡 例	
	仕上げ
Ⓐ	PB t12.5下地ビニールクロス貼り
Ⓑ	杉柾敷目板張り
Ⓒ	ラワン合板t5.5張り
Ⓓ	ユニットバス天井
Ⓔ	ケイカル板t6張りAEP

※ 特記なき回り縁は塩ビ製とする。

2階天井伏図 S 1:100　完成図

Lesson 11　建具表

11-1　建具表とは

　建具表は，建物に使われる建具を一覧にしたもので，使用場所，建具の形状，寸法，仕様（仕上げ，材料など），ガラス，建具金物などを表し，どこに使われているか分かりやすいように，符号をつけています。建具の数が少ない場合以外は，木製建具と金属製建具（サッシ）とを分けて作成します。

　建具の形状を表す図は，一般に1/50で描かれます。

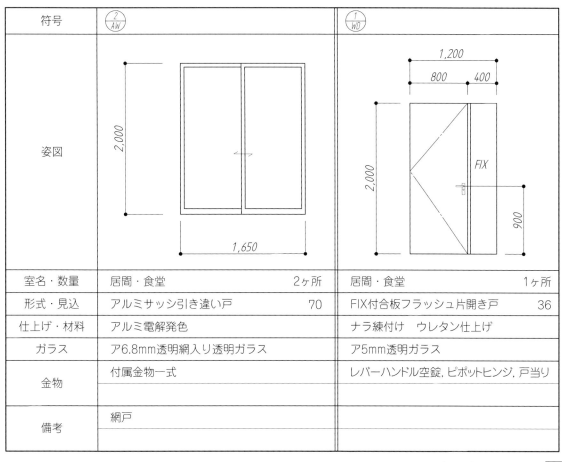

符号	②/AW	①/WD
姿図		
室名・数量	居間・食堂　　　　　2ヶ所	居間・食堂　　　　　1ヶ所
形式・見込	アルミサッシ引き違い戸　　70	FIX付合板フラッシュ片開き戸　36
仕上げ・材料	アルミ電解発色	ナラ練付け　ウレタン仕上げ
ガラス	ア6.8mm透明網入り透明ガラス	ア5mm透明ガラス
金物	付属金物一式	レバーハンドル空錠, ピポットヒンジ, 戸当り
備考	網戸	

建具表 S 1:50　[完成図]

　本来建具表は，金属と木製に分けてその建物に使用される建具をすべてリストにしますが，ここでは金属製（アルミ）と木製のひとつずつのみを採りあげています。

👆 One Point Advice

－建具符号の例－

　建具符号の一般的な例は次の通りです。なお，区分は材種と大まかな形状での区分で，開閉形式（開き戸，引き戸など）の区分は考慮しません。

金属（スチール）製：	金属（アルミ）製：	木製：
SW　スチール窓	AW　アルミ窓	WW　木製窓
SD　スチールドア	AD　アルミドア	WD　木製ドア
SS　スチールシャッター	AG　アルミガラリ	WG　木製ガラリ
SG　スチールガラリ		F　　フスマ
		S　　障子

01
02
03
04
05

11-2 建具表・キープランの例

(1)建具表・キープランの例

建具表をA2サイズの図面にレイアウトしたものと,キープランの参考例を示します。

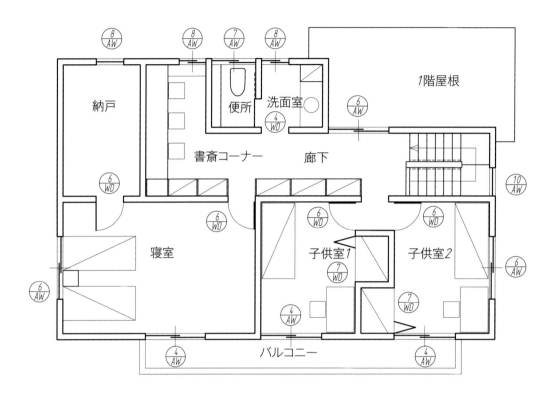

2階

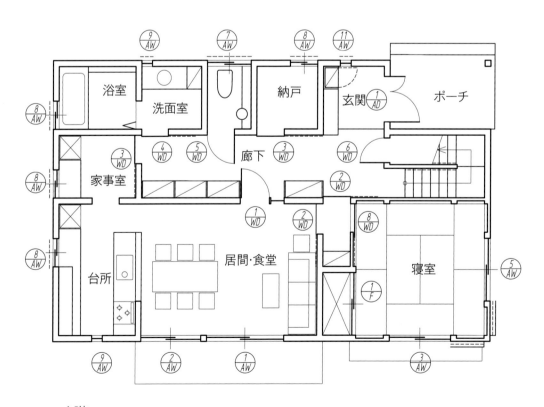

1階

建具表キープラン S 1:100 完成図

A2用紙に３段のレイアウトの例

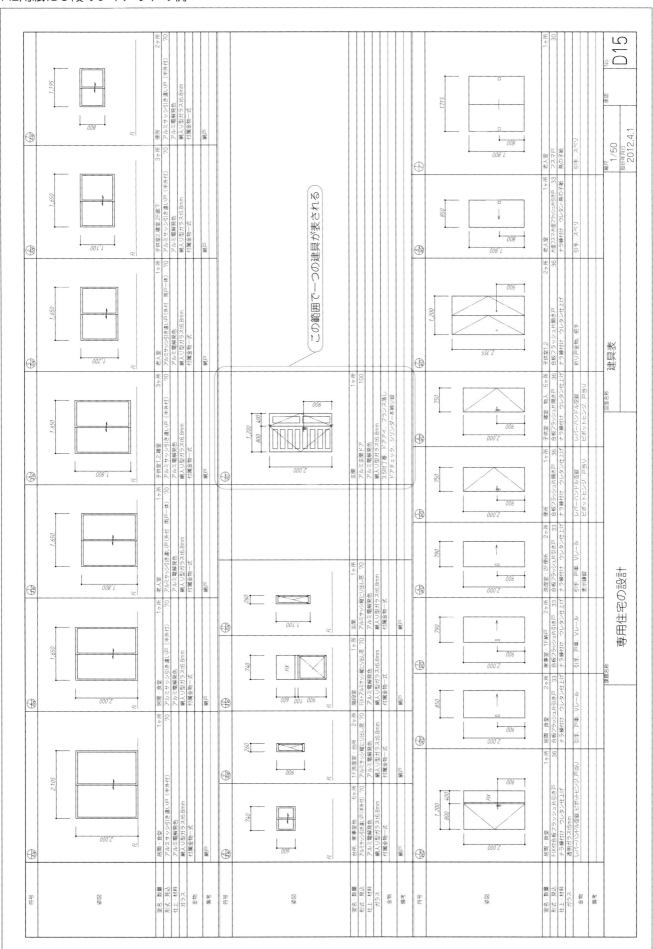

この範囲で一つの建具が表される

建具表

専用住宅の設計

(7)開口形式

平面記号	断面記号	立面記号	姿 図
出入口一般			
引違い戸			
片引き戸			
引込み戸			
雨 戸			
片開き戸			
両開き戸			
回転扉			
自由扉			
折り戸			
伸縮間仕切 （材・方式を記入）			
シャッター			

(7)開口形式

平面記号	断面記号	立面記号	姿 図
窓一般			
引違い窓			
片引き窓			
両開き窓			
片開き窓			
上げ下げ窓			
はめ殺し窓			
ルーバー窓			
横滑り出し窓			
上吊り回転窓			
格子窓			
シャッター付き窓			

Lesson 12　基礎伏図

12-1　基礎伏図とは

　基礎伏図は基礎の形状や種類を表す水平投影図で,布基礎,独立基礎のほか土間コンクリート,束石などを描きます。木造の基礎で
は床下換気口やアンカーボルトなども記入します。縮尺は一般に1/100または1/50とします。

＊右図は，見た目の煩わしさ
　を避けるため，地面より下
　にあるフーチングの表現は
　略しています。（フーチン
　グについてはP63参照）

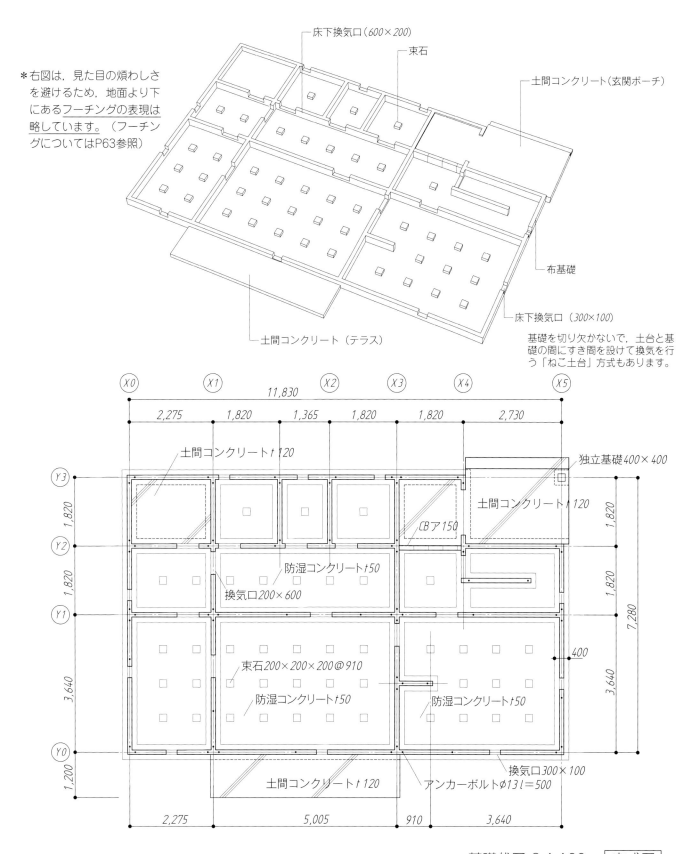

基礎を切り欠かないで，土台と基
礎の間にすき間を設けて換気を行
う「ねこ土台」方式もあります。

基礎伏図 Ｓ 1:100　完成図

12-2 描き方の手順

(1)壁の中心線を描く

壁の中心線（通り心）を細線の薄い線で下描きします。

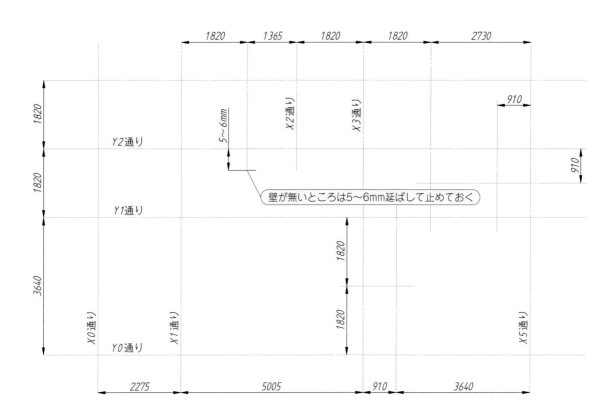

(2)布基礎・フーチングを下描きする

壁の中心線の両側に，布基礎の立ち上がり部の幅とフーチングの幅の1/2づつの寸法で下描きします。この段階はまだ下描きなので，長さはあまり意識せず，少し長めに描いておきます。

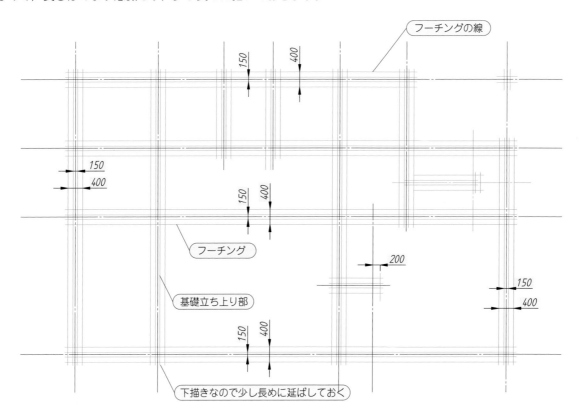

(3)布基礎・フーチングを仕上げ，束石，土間コン等を書き込む

　床下換気口の位置を下描きし，布基礎の立ち上がり部分とフーチングを仕上げます。土間コンクリートを打つ部分のフーチングは破線で表します。

　束石，アンカーボルトを描き込みます。

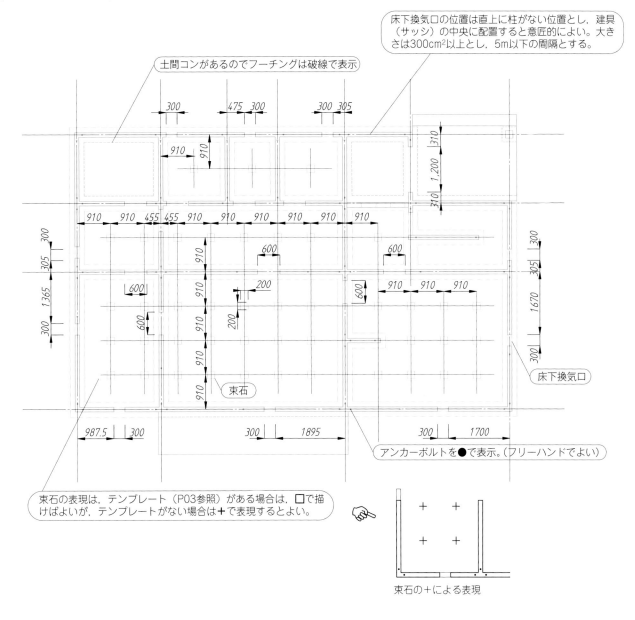

土間コンがあるのでフーチングは破線で表示

床下換気口の位置は直上に柱がない位置とし，建具（サッシ）の中央に配置すると意匠的によい。大きさは300cm²以上とし，5m以下の間隔とする。

床下換気口

アンカーボルトを●で表示。（フリーハンドでよい）

束石

束石の表現は，テンプレート（P03参照）がある場合は，□で描けばよいが，テンプレートがない場合は＋で表現するとよい。

束石の＋による表現

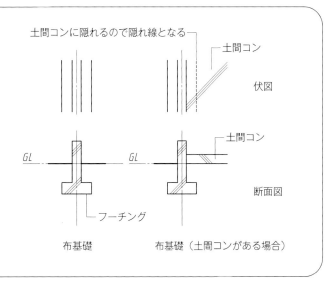

One Point Advice

－布基礎のフーチング部分の見え方－

　基礎伏せは，基礎を上から見下げたように表示されるが，このときフーチングの部分は土の中にあるので，上から見えず隠れ線の表示になると思われるが，実際には土を取り去ったものとして表示します。但し，土間コンクリートがある場合はこれより下にあるフーチングは隠れ線で表示します。

土間コンに隠れるので隠れ線となる

土間コン

伏図

土間コン

断面図

フーチング

布基礎　　　　　　布基礎（土間コンがある場合）

(4)寸法・文字を記入する

　なるべく図に重ならないように，寸法，通り心符号，文字を記入し，土間コンクリートの箇所にハッチングを施します。

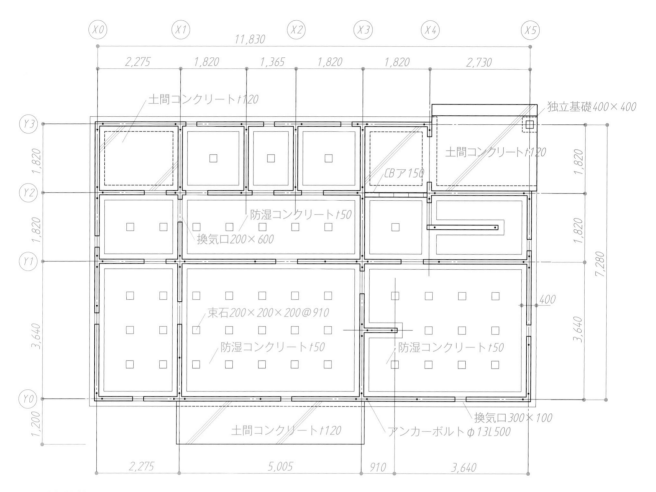

基礎伏図 S 1：100

👆 **One Point Advice**

－浴室回りの布基礎について－

　木造の建物で浴室を作る場合，大きく分けて2通りあります。工業化された床パネル，壁パネル，天井パネルを組み合わせて作る＜ユニット形式＞のものと，現場で床はコンクリートを打ち，壁はモルタル下地にタイルなどを貼る＜湿式工法＞の場合があります。

　いずれかにより基礎の作り方も違ってきます。

　ユニット形式の場合は，基礎は他の部分と同じでよく，床下にユニットを支えるための土間コンを打ちます。湿式工法の場合は，一般に最下階では防水はしないため，湿気を帯びやすいため，GLから1m～1.5mの範囲は木材の使用を避け，布基礎を高く立ち上げるか，コンクリートブロック積みとします。

　この本では，最近多く使われるユニット形式としています。

Lesson 13　1階床伏図

13-1　1階床伏図とは

　床伏せ図は床組の状況を示す水平投影図で，1階床伏図では根太（ねだ），根太掛け，大引き（おおびき），土台（どだい），火打ち土台（ひうちどだい）および柱が表されます。一般に土台や大引きより下の基礎，束石（つかいし），床束や根がらみ貫は省略されます。

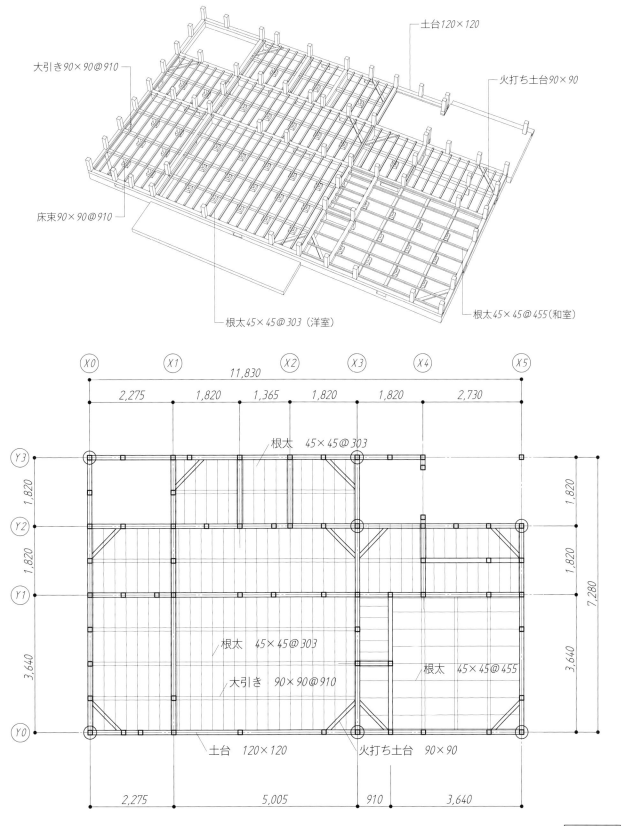

1階床伏図　S1：100　完成図

13-2 描き方の手順

(1)壁の中心線，土台・柱を下描きする

壁の中心線（通り心）を細線の薄い線で下描きし，土台・柱を下描きします。

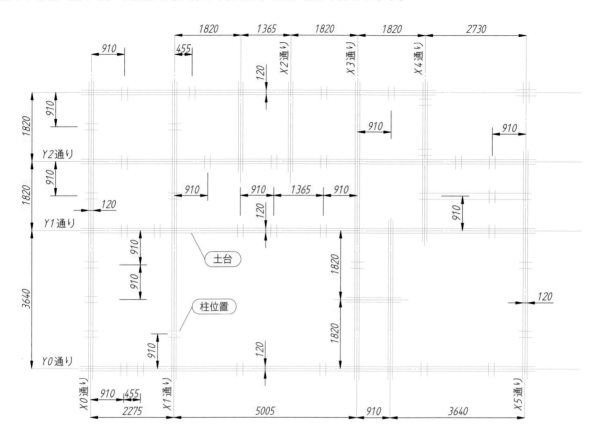

(2)土台，柱を仕上げる

下描き線をもとに，柱・土台を仕上げます。

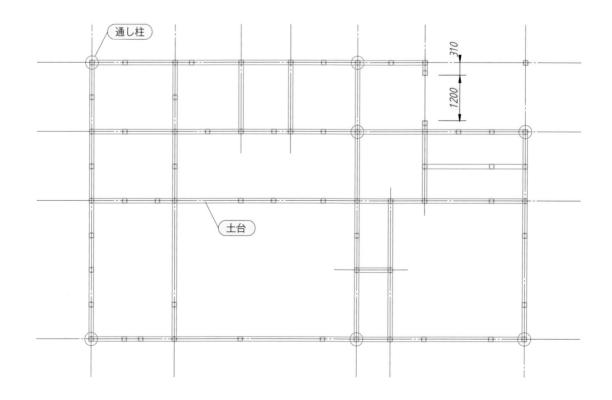

(3)大引き，火打ち土台を描き込む

　大引き，火打ち土台を描き込みます。大引きの方向は根太の方向に対し，直行方向としますが，根太の方向はフローリング仕上げの床の場合一般に長手方向に張るので，あらかじめ床の仕上げをイメージしておくことが必要です。

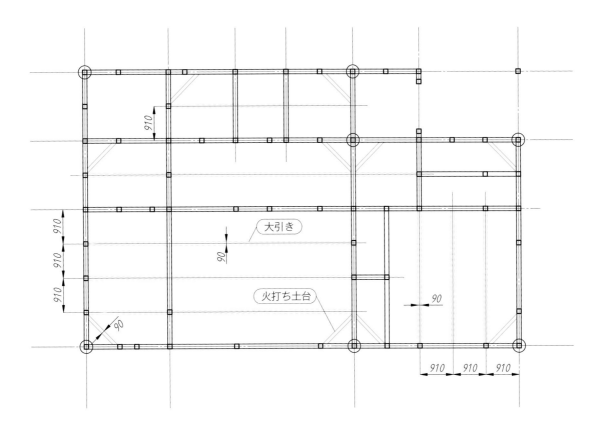

(4)根太を描き込む

　根太をシングルラインで描き込みます。根太の方向は大引きに対し直行方向となり，間隔はフローリングの場合303（モデュールが900の場合は300），畳敷きの場合455（モデュールが900の場合は450）とします。また，ピアノや本棚など特に荷重が掛かる場合は，さらに間にもう一本入れるなど補強します。

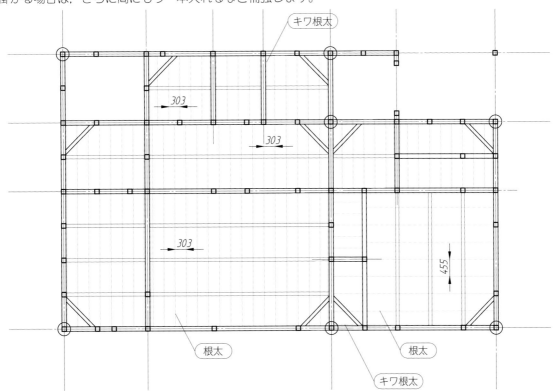

01

02

03

04

05

67

(5)寸法・文字を記入する

なるべく図に重ならないように，寸法，通り心符号，文字を記入します。

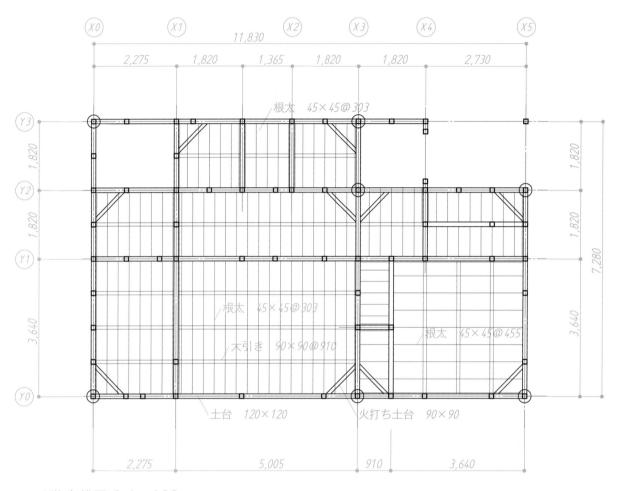

1階床伏図 S 1：100

Lesson 14　1階小屋伏図・2階床伏図

14-1　1階小屋伏図・2階床伏図とは

　1階の小屋組と2階の床組はその骨組みの性格は異なりますが，ほぼ同じ高さにあるため，1階小屋伏図兼2階床伏図として ひとつの図面で表されます。2階床伏図の部分では根太（ねだ），根太掛け，火打ち梁（ひうちばり），胴差し（どうざし）， 桁（けた），床梁および2階の柱，1階の管柱（くだばしら）が表されます。なお，1階の柱の位置は一般に×印で表現されます。

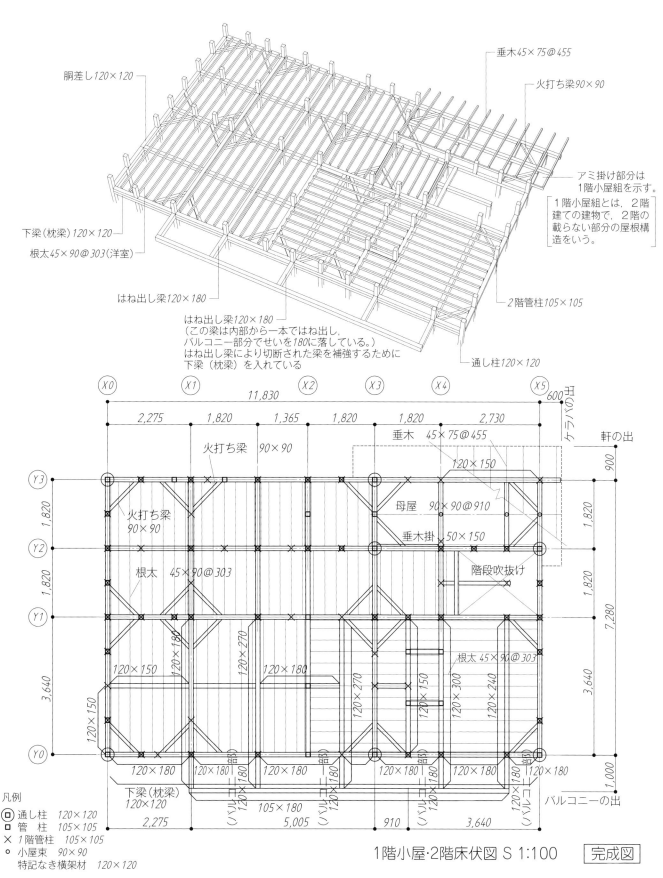

1階小屋・2階床伏図 S 1:100　完成図

凡例
⊡ 通し柱　　120×120
□ 管　柱　　105×105
× 1階管柱　105×105
○ 小屋束　　90×90
　特記なき横架材　120×120

14-2 描き方の手順

(1)壁の中心線，梁・胴差し・桁を下描きする

　壁の中心線（通り心）を細線の薄い線で下描きし，梁，胴差し，桁などの主要な横架材を下描きします。

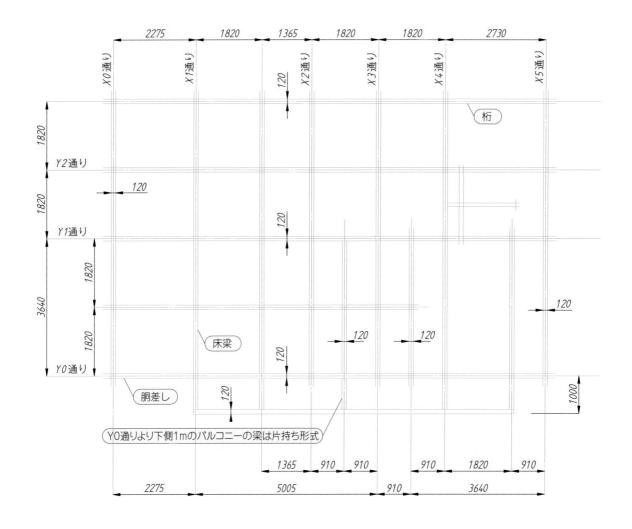

(2)梁・胴差し・桁を仕上げる

下描き線をもとに，梁，桁，胴差し，2階の管柱を仕上げます。主要な横架材のうち，標準の断面サイズ以外のものについては台形状の記号で表示します。

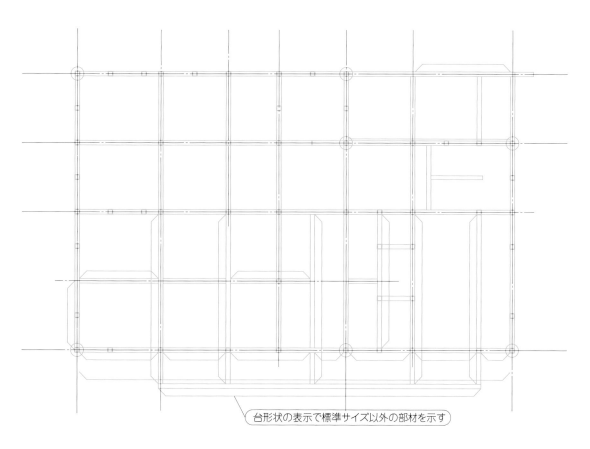

台形状の表示で標準サイズ以外の部材を示す

(3)1階管柱・火打ち梁・根太を描き込む

1階管柱の位置を×印で表示し，火打ち梁，根太を描き込みます。

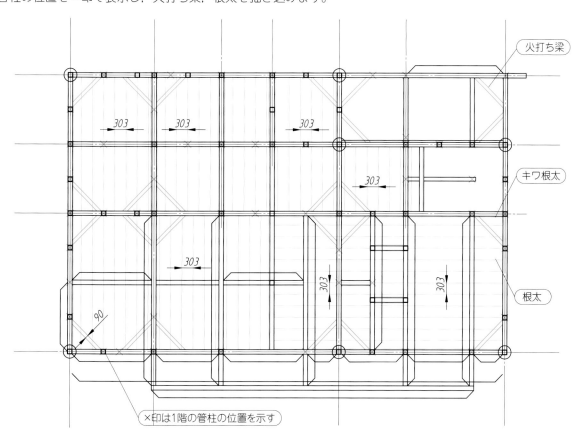

火打ち梁

303　303　303

303

キワ根太

303

303　303

根太

90

×印は1階の管柱の位置を示す

01

02

03

04

05

71

(4)母屋・垂木を描き込む

1階小屋組部分の母屋，垂木を描き込みます。

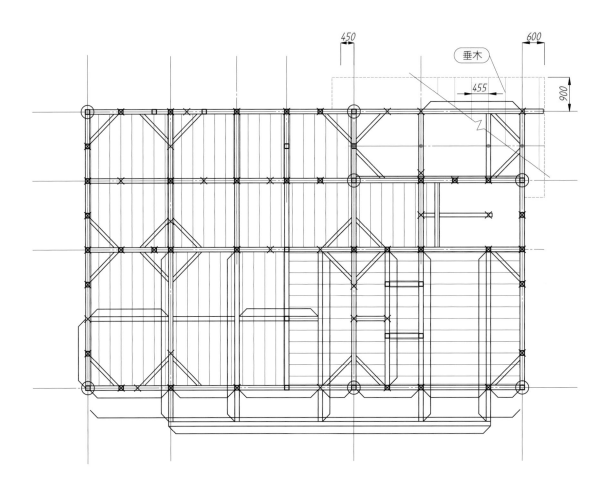

(5)寸法，文字を記入する

なるべく図に重ならないように，寸法，通り心符号，文字を記入します。

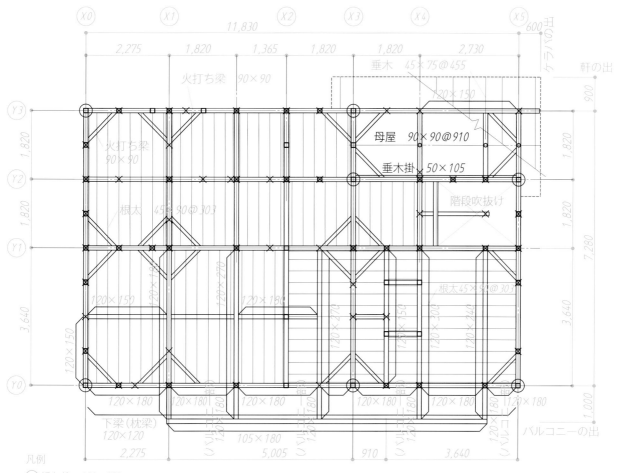

1階小屋・2階床伏図 S 1：100

Lesson 15　小屋伏図

15-1　小屋伏図とは

　小屋伏図は小屋組の状況を表す水平投影図で，垂木（たるき），母屋（もや），棟木（むなぎ），小屋梁（こやばり），桁（けた），火打ち梁および2階の柱が表されます。一般に小屋束（こやづか），小屋筋かい（こやすじかい）は省略されることが多いが，二級建築士の製図試験では小屋束の記入が求められるため，ここでは小屋束を記入しています。なお，2階の柱の位置は一般に×印で表現されます。

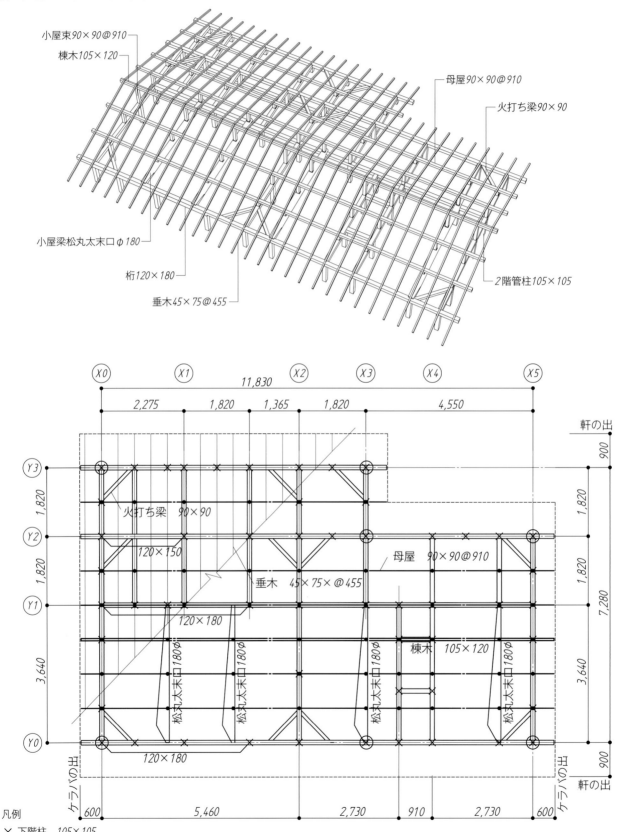

凡例
× 下階柱　　105×105
● 小屋束　　90×90
特記なき横架材　120×120

小屋伏図 S 1：100　完成図

15-2　描き方の手順

(1)壁の中心線，梁・桁を下描きする

壁の中心線（通り心）を細線の薄い線で下描きし，梁，桁などの主要な横架材を下描きします。

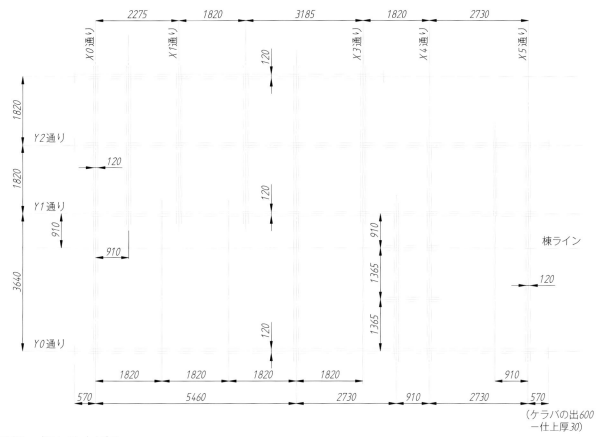

(2)梁・桁を仕上げる

下描き線をもとに，梁，桁を仕上げます。主要な横架材のうち，標準の断面サイズ以外のものについては台形状の記号で，丸太梁についてはくさび形の記号で表示します。

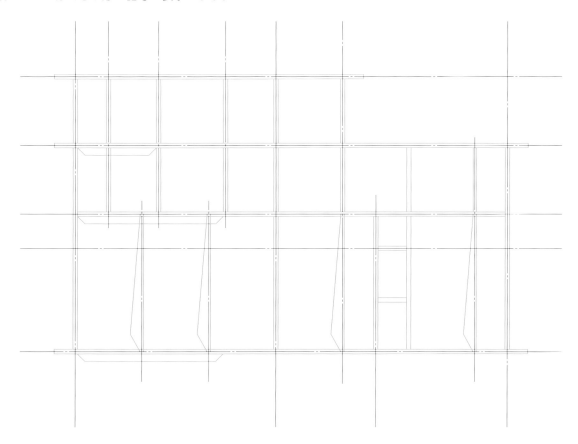

01

02

03

04

05

(3)2階管柱・火打ち梁を描き込む

2階の柱の位置を×印で表示し，火打ち梁を描き込みます。

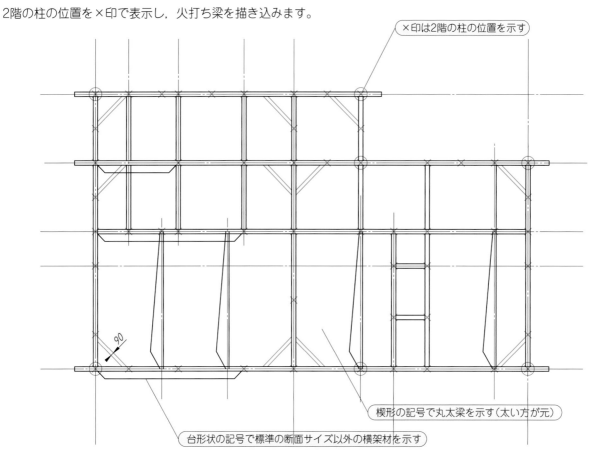

×印は2階の柱の位置を示す

90

楔形の記号で丸太梁を示す（太い方が元）

台形状の記号で標準の断面サイズ以外の横架材を示す

(4)棟木・母屋・垂木を描き込む

棟木，母屋，小屋束，垂木を描き込みます。垂木は方向，間隔が一様な部分はすべて描かずに途中までで省略します。

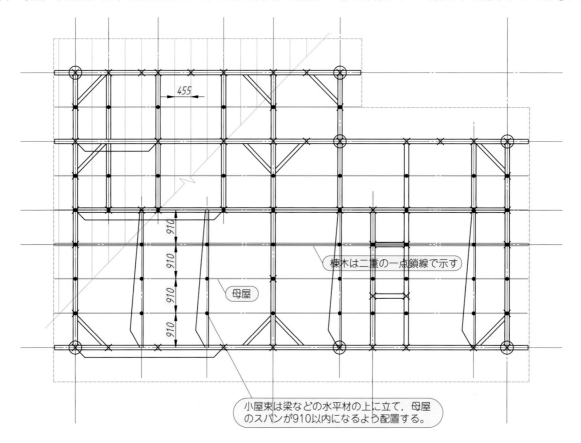

455

910
910
910
910

棟木は二重の一点鎖線で示す

母屋

小屋束は梁などの水平材の上に立て，母屋
のスパンが910以内になるよう配置する。

(5)寸法，文字を記入

なるべく図に重ならないように，寸法，通り心符号，文字を記入します。

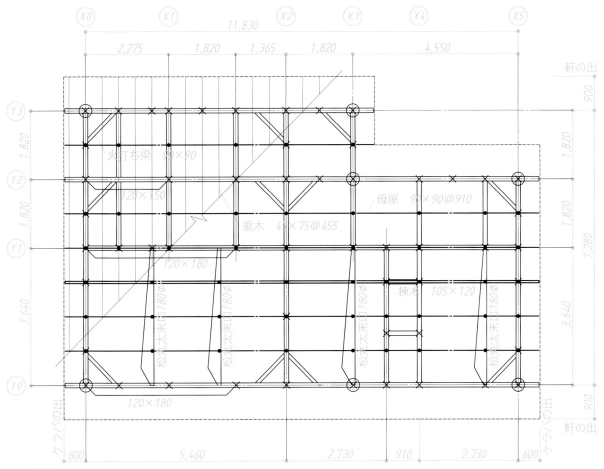

凡例

× 下階柱　105×105
・ 小屋束　90×90
特記なき横架材　120×120

小屋伏図 S 1：100

 One Point Advice

－末口とは－

　木造の小屋梁には松材などの丸太が使われることがあります。丸太は樹木の皮を剥いだだけのもので，きっちりとした円柱形に加工されるわけででないため，根元の方が太く，梢の方が細くなっています。

　このようなひとつの材で太さが異なる部分がある場合は，安全を考慮し，細い方の断面寸法で材のサイズを指定します。

　樹木の根元に近い方を「元（もと）」，梢に近い方を「末（すえ）」というところから，細い方（末）の断面（切り口）を「末口（すえくち）」とよび，直径のサイズ（mm 単位）と併せて，「末口150」などと表記します。

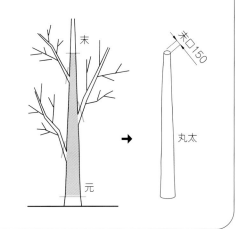

Lesson 16　軸組図

16-1　軸組図とは

　軸組図は構造上主要となる外周壁や間仕切り壁などの骨組みを表す壁面に平行な直立面への投影図です。1・2階が同一面にある場合はひとつの図で表現し，基礎，土台，柱，胴差し，桁，梁，筋違いなど主要な構造部材のほか間柱，貫(ぬき)，マグサなどが描かれます。

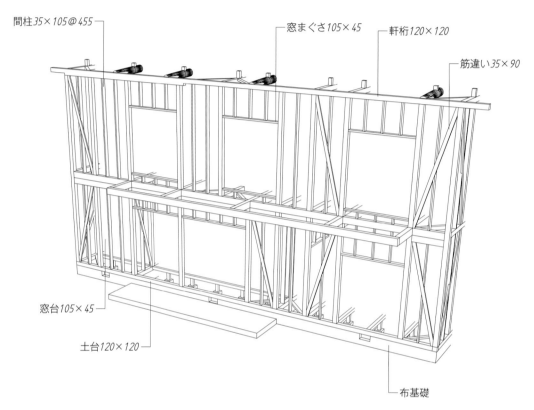

間柱35×105@455
窓まぐさ105×45
軒桁120×120
筋違い35×90
窓台105×45
土台120×120
布基礎

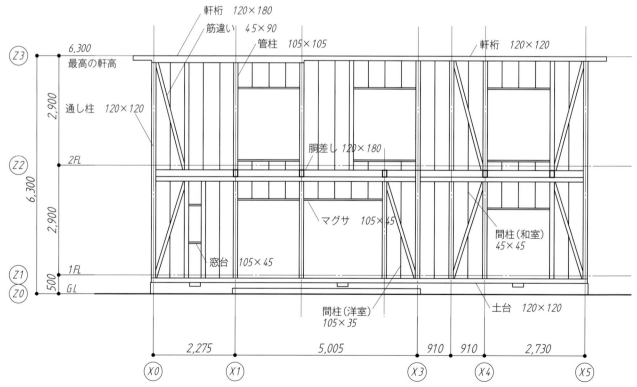

軒桁　120×180
筋違い　45×90
管柱　105×105
軒桁　120×120
胴差し　120×180
マグサ　105×45
間柱(和室)45×45
窓台　105×45
間柱(洋室)105×35
土台　120×120

Z3　6,300　最高の軒高
通し柱　120×120
2,900
Z2　2FL
6,300
2,900
Z1　1FL
Z0　500　GL

2,275　5,005　910　910　2,730
X0　X1　X3　X4　X5

軸組図 S 1：100　完成図

16-2 描き方の手順

(1)壁の中心線，高さの基準となる線を描く

壁の中心線（通り心），高さの基準線を下描きします。

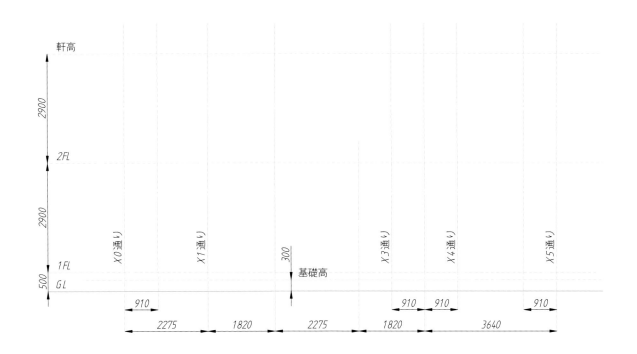

(2)土台・柱・胴差し・桁を描く

壁の中心線の両側に，柱幅の1/2ずつの寸法で柱線を下描きし，胴差し，桁を下描きしたら，順次仕上げていきます。

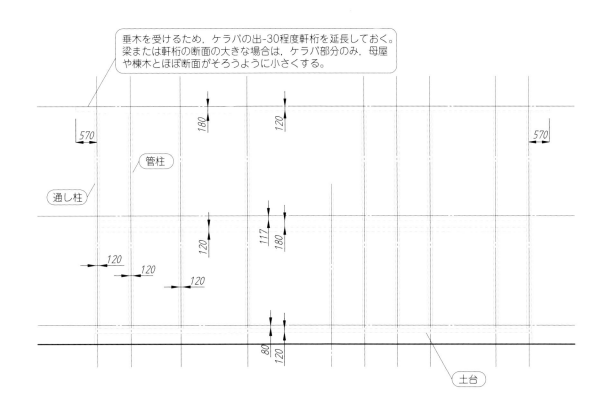

(3)筋違い・間柱・マグサを描き込む

　開口部のマグサ，窓台，筋違い，間柱をを描きこみます。マグサ，窓台の位置は有効開口より50外側（上または下）とします。

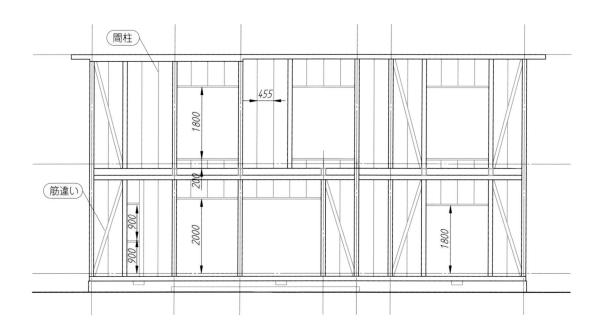

(4)寸法，文字を記入する

　なるべく図に重ならないように，寸法，通り心符号，文字を記入します。

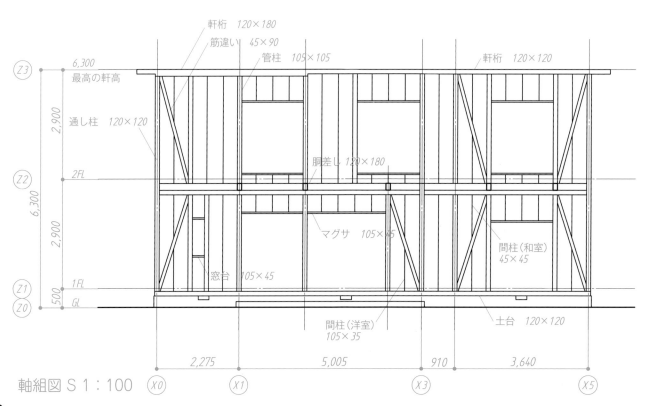

軸組図 S 1：100

Chapter 3
鉄筋コンクリート (RC) 造貸事務所の図面

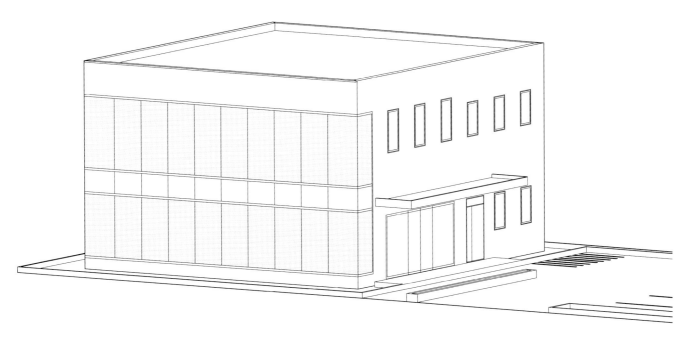

建物の概要

建物概要

敷地面積	510.00m²	
建築面積	163.79m²	
床 面 積	1 階	162.00m²
	2 階	162.00m²
	延床面積	324.00m²

用 　途	貸事務所	
構 　造	鉄筋コンクリート造	
	（ラーメン構造）	
階 　数	地上2階建て	

仕　　上		
外 　部	屋 　根	アスファルト露出防水，アルミ笠木
	外 　壁	弾性吹付タイル
	開口部	アルミサッシ，アルミカーテンウォール
内 　部	床	タイルカーペット貼り
	壁	ビニールクロス貼り
	天 　井	化粧石膏ボード貼り

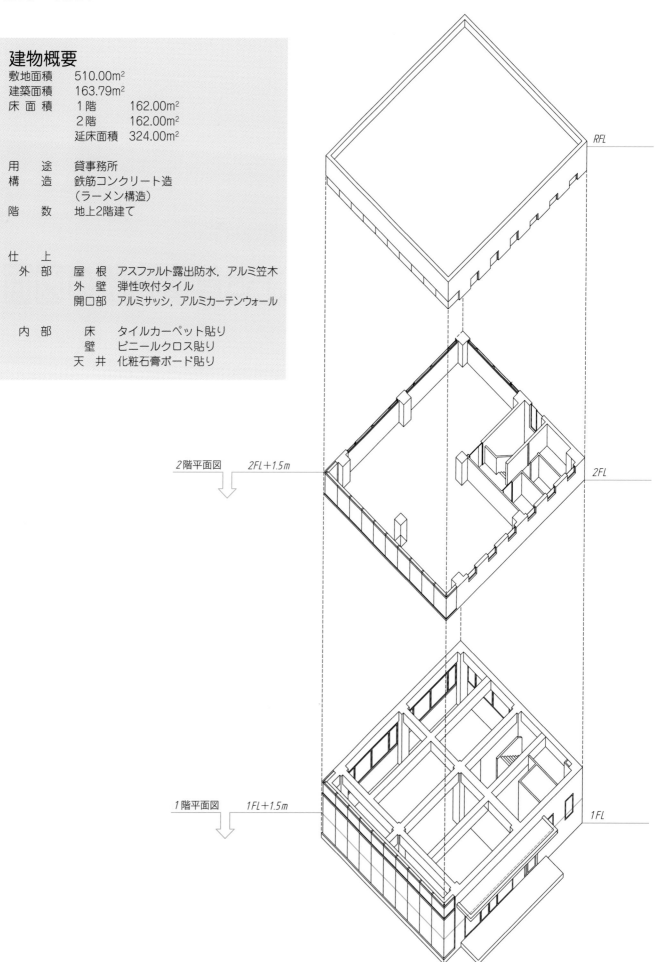

RFL

2階平面図　　2FL+1.5m　　　　　　2FL

1階平面図　　1FL+1.5m　　　　　　1FL

Lesson 17　1階平面図

17-1(1) RC造平面図の注意点

　RC造平面図は,木造と同様に床から1m〜1.5mくらいの高さで切断したときの水平面への投影図で,各階ごとに描きます。縮尺は建物の規模により使い分けられますが,建築士の試験では,2級(1/100)・1級(1/200)で出題されています。普通,1/200の図面よりも1/100の図面の方が詳しく表現されます。本章では1/100で表現する方法を学びます。

17-1(2) 1Fエスキース

　木造時と同様に,配置図を兼ねた1階平面図のエスキースをします。

　敷地状況に合わせて,建物の大きさ,間取り,柱割りを決めます。

　また図面を描き始める前に,RC造の構造を考慮し,壁の位置,厚さ,柱の大きさ,さらに,便所等のレイアウト・窓の位置,形状を細部の寸法をおさえてエスキースを作成します。

　本来であれば,1F,2Fを同時にエスキースを作成するのですが,今回は作図の練習なので,まず,1階平面図を作成しましょう。

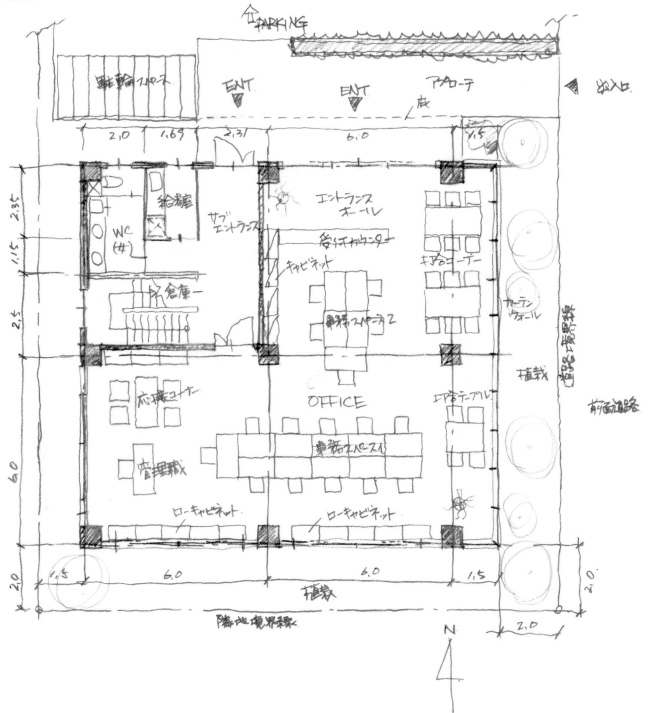

01

02

03

04

05

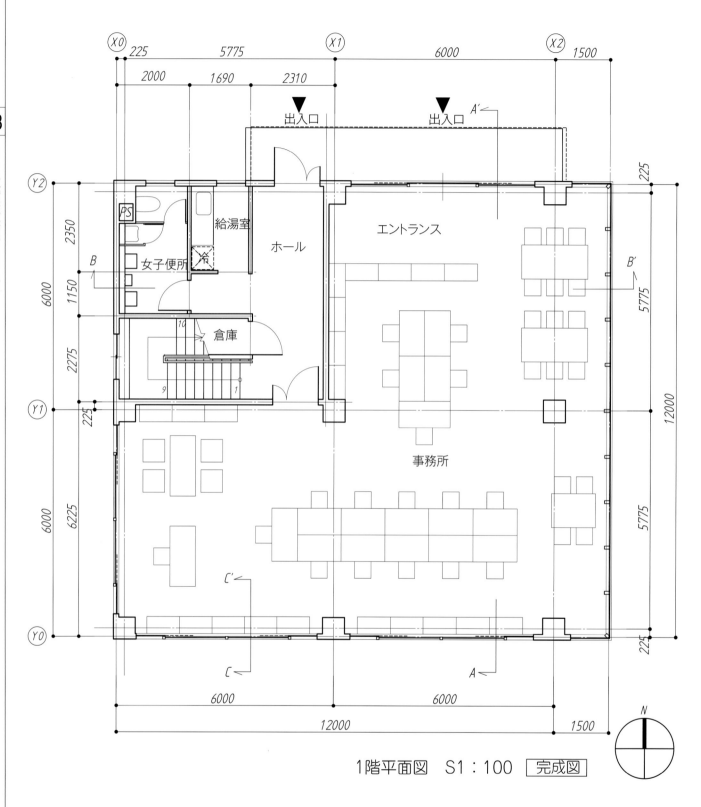

1階平面図　S1：100　完成図

 Attention

－壁心と柱心のずれ－

　RC造は，柱の外面を外壁面に合わせる場合が多いため柱心と壁心はずれます。この建物では，外壁躯体の厚さ(150mm)，柱の躯体(600mm×600mm)なので，柱心は壁心より225mmずれることになります。(計算式：柱 600/2－ 壁 150/2 ＝ 225mm)。P86のZoom Up参照。

17-2 描き方の手順

（1）壁，柱の中心線を描く

　壁，柱の中心線を細線の薄い線で下描きします。RC造の建物は木造と違い,壁と柱の中心線がずれるので注意が必要です。建築士の試験では,描き方を簡単にするために外壁の壁心を柱心とすることがありますが，実際の建物では,柱を外壁の内側に納めるのが一般的です。

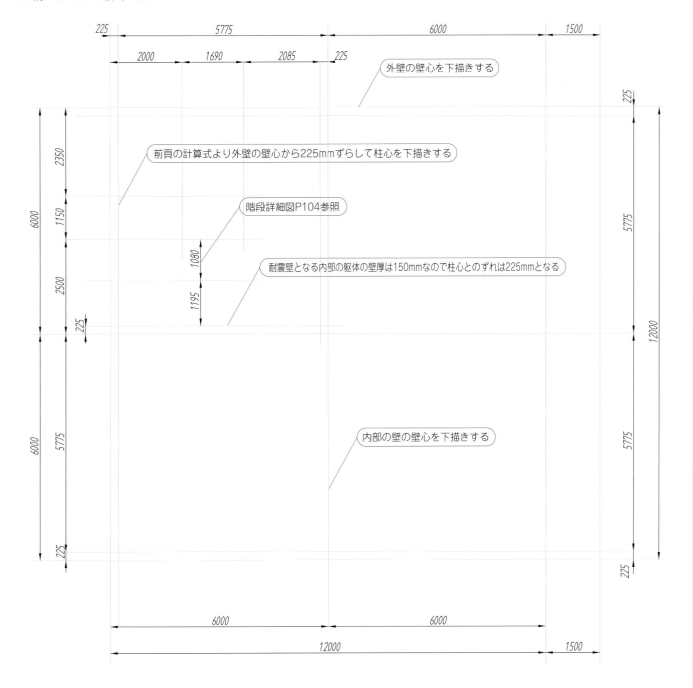

※印の形式の寸法表記については，vi頁の「本書の使い方」を参照してください。
また，※印が無い寸法も同じ形式の寸法表記のものはこの頁以降も同様です。

 One Point Advice

－壁の厚さ－
　この例では,RC躯体の壁厚を外壁W＝150mm，内側の耐震壁W＝150mm，その他はW＝120mm壁としています。　また，RC躯体でない間仕切壁については，90mmとしています。各々の壁には仕上げ材や断熱材の厚みがありますが，1/100の縮尺では躯体の厚さで作図するのが一般的です。

01

02

03

04

05

(2) 壁線，柱線を下描きする

　壁の中心線の両側に，壁厚を振り分けて細線の薄い線で描きます。壁線の内側に柱の大きさ(600mm×600mm)を下描きします。このとき柱の中心が柱心となっているか確かめます。

注）壁厚，柱のサイズは仕上げサイズで作図する場合もありますが，ここでは，壁・柱とも躯体のサイズで作図しています。

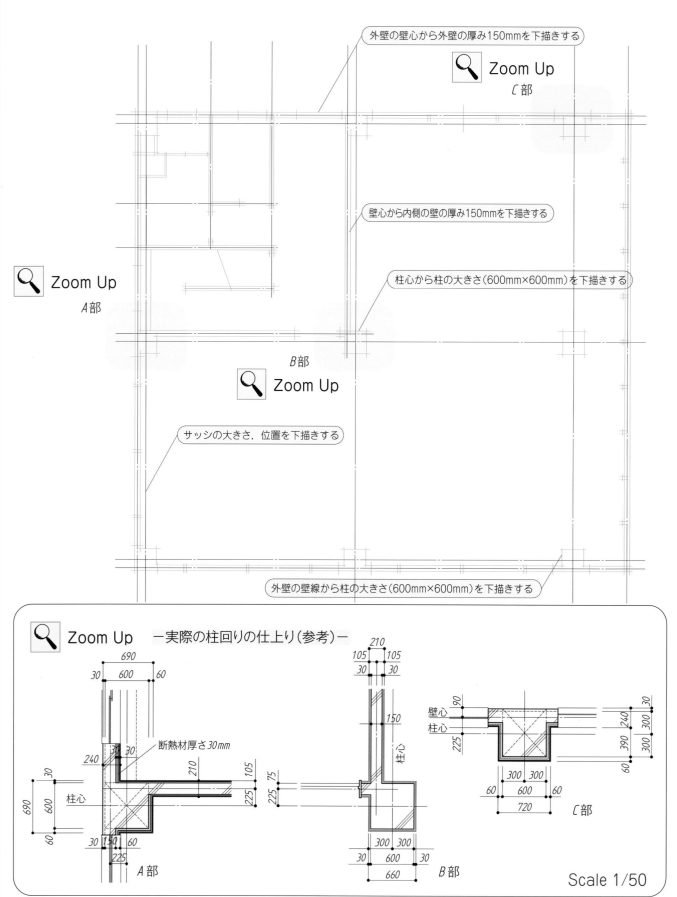

外壁の壁心から外壁の厚み150mmを下描きする

Zoom Up
C部

壁心から内側の壁の厚み150mmを下描きする

柱心から柱の大きさ(600mm×600mm)を下描きする

Zoom Up
A部

B部

Zoom Up

サッシの大きさ，位置を下描きする

外壁の壁線から柱の大きさ(600mm×600mm)を下描きする

Zoom Up　－実際の柱回りの仕上り（参考）－

A部

B部

C部

Scale 1/50

（3）壁線，柱線の仕上げ開口部を描く

　開口部の位置をチェックしながら壁線，柱線とも太線で仕上げます。外部アルミサッシ，内部の建具などの表示記号に従って，中線で記入します。開き戸の円弧はテンプレートを利用します。

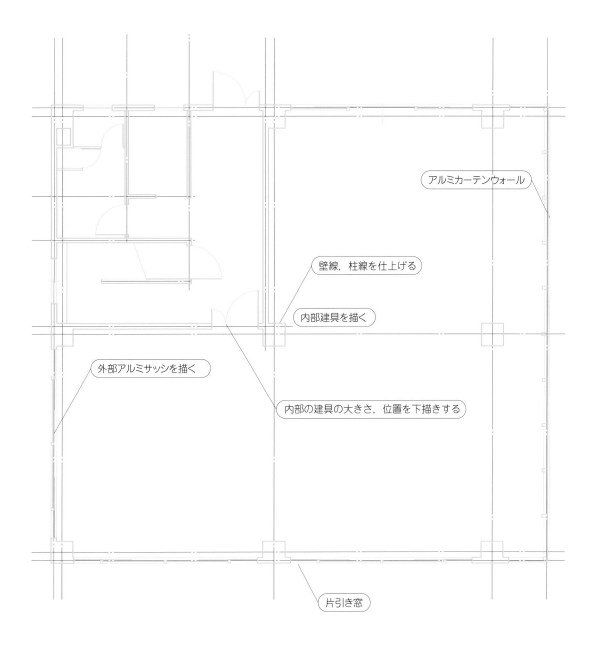

アルミカーテンウォール

壁線，柱線を仕上げる

内部建具を描く

外部アルミサッシを描く

内部の建具の大きさ，位置を下描きする

片引き窓

（4）階段，設備機器，家具などを描く

　階段や設備機器などを中線で描き込みます。階段を描く場合は２階梁の位置に注意し，階段の有効幅を確保します。

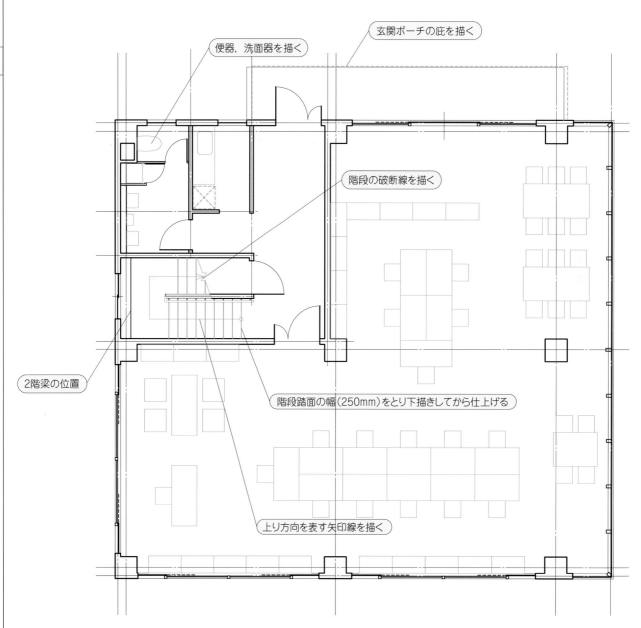

便器，洗面器を描く

玄関ポーチの庇を描く

階段の破断線を描く

2階梁の位置

階段踏面の幅（250mm）をとり下描きしてから仕上げる

上り方向を表す矢印線を描く

03

RC造貸事務所の図面

88

（5）寸法，通り心符号，室名などを記入する

　寸法線，寸法補助線，寸法，文字，通り心符号を記入します。断面図，矩計図の切断位置を記入します。室名，図面名称，縮尺，方位を記入して完成させます。

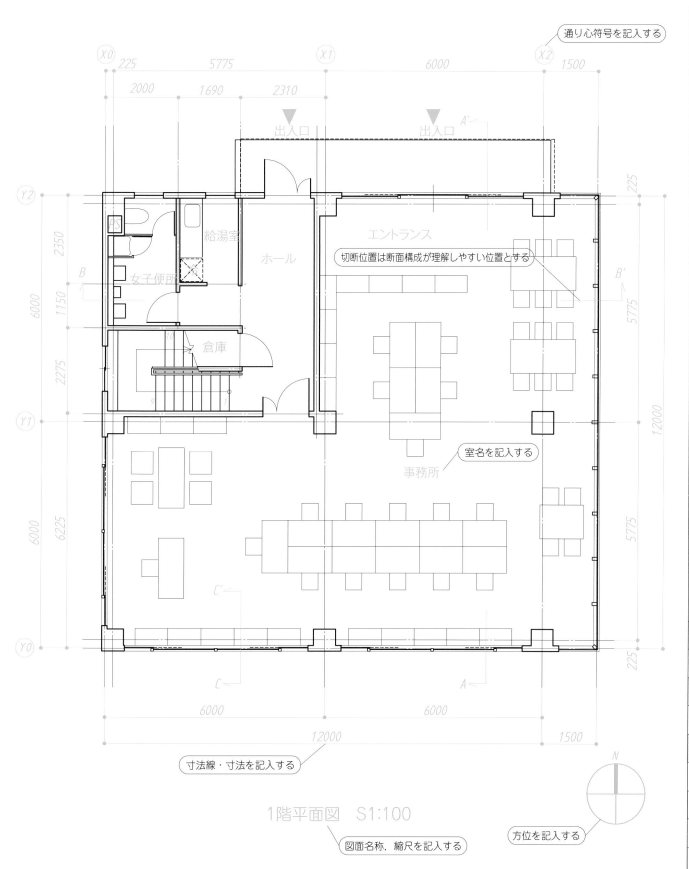

通り心符号を記入する

切断位置は断面構成が理解しやすい位置とする

室名を記入する

寸法線・寸法を記入する

1階平面図　S1:100

図面名称，縮尺を記入する

方位を記入する

01

02

03

04

05

17-3 2階平面図の完成図

2階平面図も1階平面図と同じように2階のFLから1m～1.5mの高さで切断したときの水平投影図で表されます。壁の位置，厚さ，柱の大きさは，1階平面図と同じですが，便所のレイアウト，窓の位置，形状が変わってますので，図面を描き始める前に階段，便所の納まりなど，細部の寸法を検討し，1階とのつながりに矛盾のないようにしておく必要があります。同様にエスキースをもとにして，2階平面図を作成します。

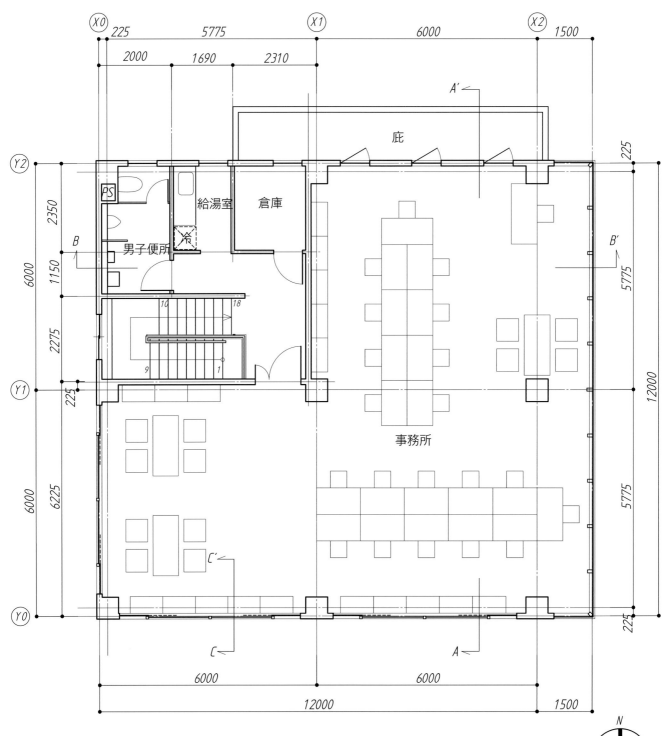

2階平面図　S1：100　完成図

17-4 配置図の完成図

作図手順

1. 隣地境界線，道路境界線を敷地の形状，大きさに合わせて，隣地境界線は一点鎖線，道路境界線は実線のそれぞれ中線で描く。
2. 境界線の交点を○で囲む。
3. 前面道路の反対側の境界線を描く。（紙面に入らない場合は省略してもよい。）
4. 建物の位置をきめ，外壁心と外壁線を下書きする。
5. 外壁線を実線（太線）で引く。
6. 敷地内にある駐車スペース，植栽を中線で描く。
7. 寸法線（細線）を引き，寸法を記入する。
8. 隣地境界線，道路境界線の寸法を記入する。
9. 各部名称，出入口の表示を記入する。
10. 図面名称，縮尺，方位を記入し完成させる。

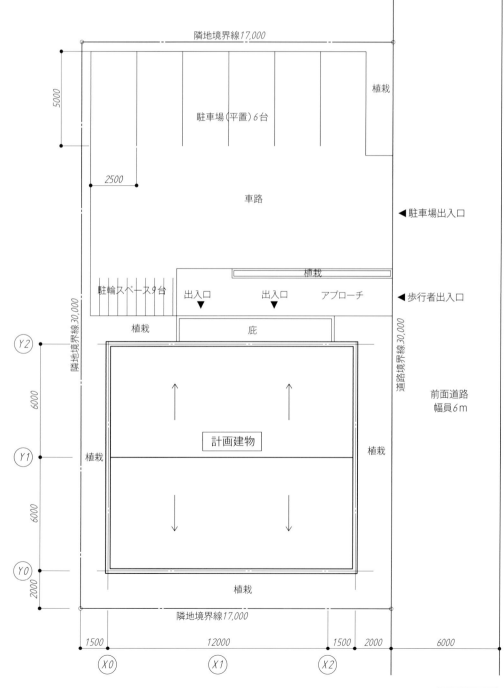

配置図　S1：200　完成図

Lesson 18　断面図

18-1 RC造断面図の注意点

　RC造断面図は，木造と同様に垂直に切断した断面の直立面への投影図でおもに高さ方向の関係を表します。建物全体の高さ，階の高さ，天井の高さ，開口部の高さなどを示し，建物の構成が分かりやすい切断位置であれば，一直線に切断する必要はありません。縮尺は建物規模により使い分けられますが，本章では平面図と同じ1/100で表現しています。

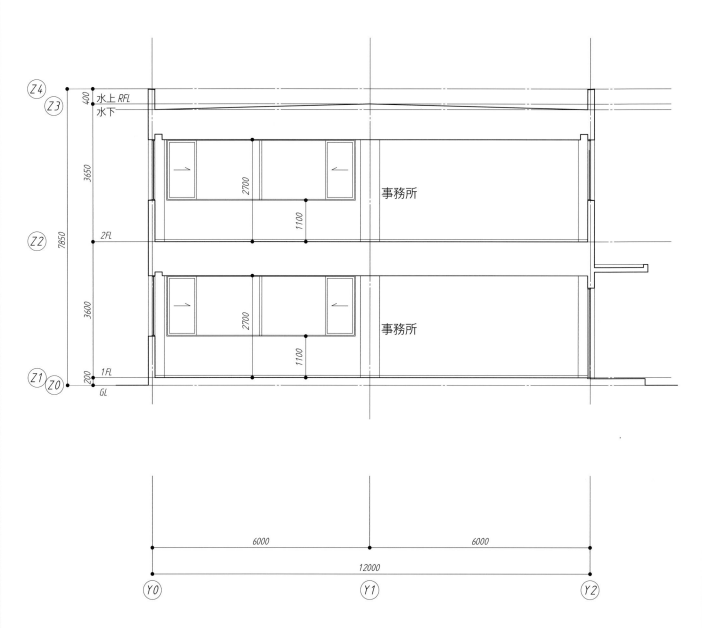

A-A'断面図　S1：100　完成図

18-2　描き方の手順

（1）壁の中心線，柱の中心線，高さの基準線を描き，壁，天井，開口部，屋根を下描きする

　GLライン，各階の床，パラペット上端を細線の薄い線で下描きします。外壁の中心線，柱の中心線は細線の一点鎖線で描きます。屋根スラブは雨水が流れるように水勾配をとります。高い位置を水上，低い位置を水下といいます。

　壁心の左右に壁線を下描きし，開口部の高さ，天井高さを下描きします。平面図と同様に，外壁W＝150mm，内側の壁W＝150mmとして表現します。（詳細はP98矩計図を参照）

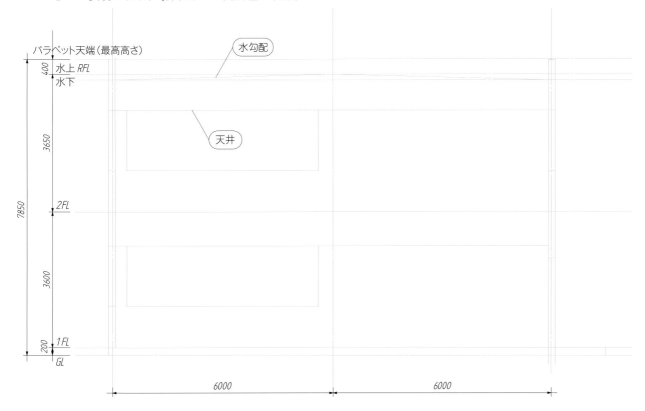

（2）壁，天井，開口部，屋根を仕上げ，壁面の姿図を描く

　下描き線をもとに断面線を太線で仕上げます。

　断面図の切断位置から切断方向に見える開口部や壁を描きます。平面図から柱や開口部の位置をとると描きやすいので，この段階で平面図と重ね合わせてみましょう。

01

02

03

04

05

93

（3）　　　　　　　　　　　　　　　　　　　　　　　　寸法，文字などを記入する

建物高さ，階の高さ，天井，開口部の高さなどの寸法，通り心符号，室名などの文字を記入します。

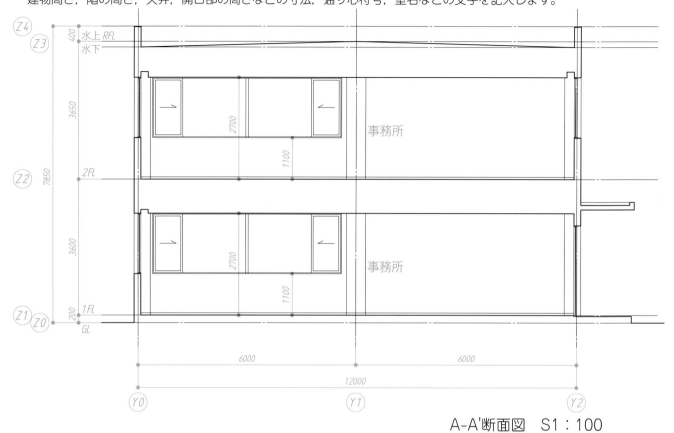

A-A'断面図　S1：100

18-3　躯体を表現した断面図（参考図）

1/100の断面図は，基礎梁，床梁，床スラブなどの躯体断面を表現する方法もあります。ここでは構造を理解するために参考として描いています。

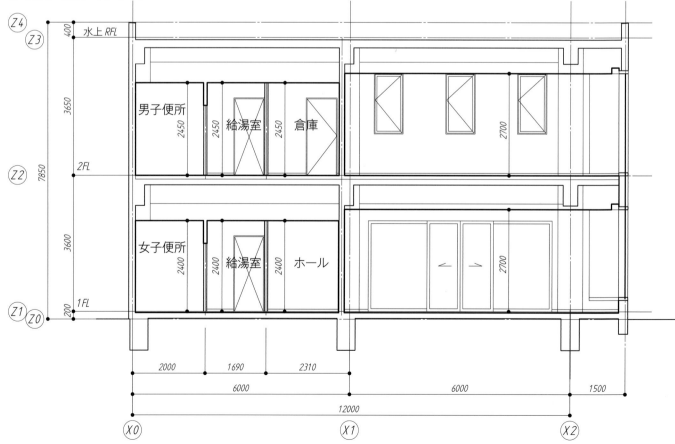

B-B'断面図　S1：100　参考図

Lesson 19　立面図

19-1　RC造立面図の注意点

　RC造の立面図は木造と同様に，建物の外壁の直立面への投影図で，通常は東西南北の4面が表されます。立面図には，外壁，開口部など外から見えるものを表現しますが，縦樋，換気口ベントキャップなどの設備用部材は1/100の縮尺では省略することが多いです。

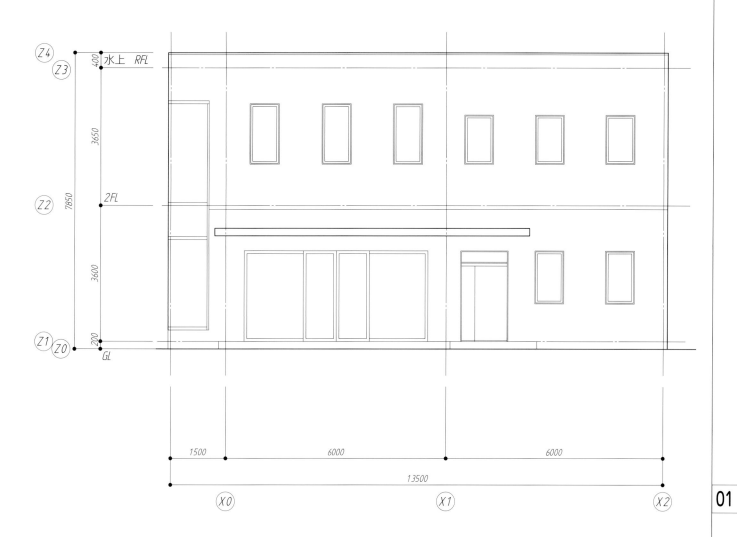

北立面図　S1：100　完成図

19-2 描き方の手順

（1）壁の中心線，高さの基準線を描き，壁，開口部を下描きする

　GLライン，各階の床，壁の中心線を細線の薄い線で下描きします。

　壁心から外壁の厚み分を外側にとり外壁の下描きをします。平面図との違いがないように開口部，庇の位置を断面図と違いがないように高さを決めて下描きします。

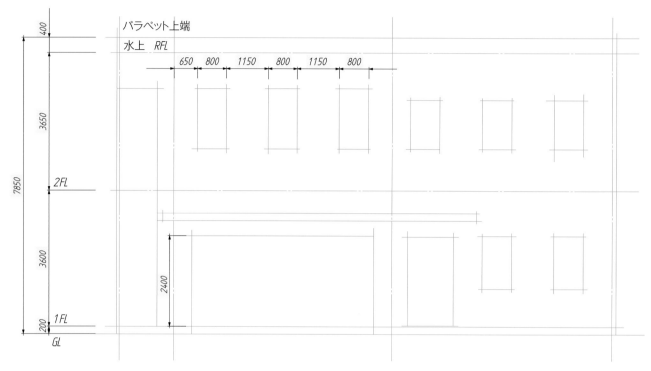

（2）壁，開口部を仕上げ，外壁の目地を描く

　下描線をもとに壁，開口部を中線で仕上げます。GLラインは太線とします。

　外壁の収縮目地，開口部の表示記号を描きます。

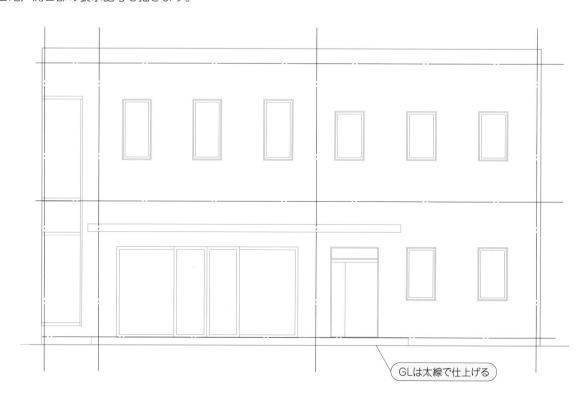

GLは太線で仕上げる

(3) 寸法，文字の記入

建物の高さ，階の高さ，通り心符号を記入します。

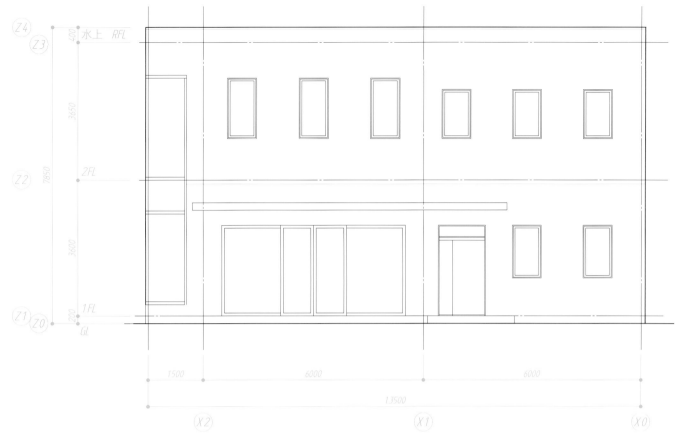

北立面図　S1：100

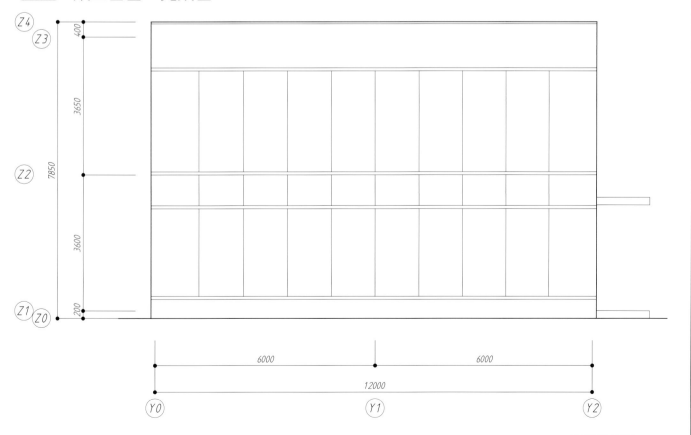

19-3　東立面図の完成図

東立面図　S1：100　完成図

Lesson 20　矩計図

20-1 RC造矩計図の注意点

　RC造矩計図は，木造と同様に，標準となる箇所の垂直断面を詳細に示すもので，基準となる高さ（床，天井，開口など）や仕上げ材料が表されます。断面図の縮尺では，示せなかったコンクリート躯体の寸法，仕上げの厚さを記入します。用紙内の中に全図面が入りきらないため，垂直方向の途中を省略して描いています。この場合，その部分の書き入れた寸法は，紙面上実際と違うことになります。これを「書き入れ寸法」といい，数字の下にアンダーラインをして表現することもあります。用紙内に垂直方向の全てが納まる場合は，省略しないで寸法通り描きます。

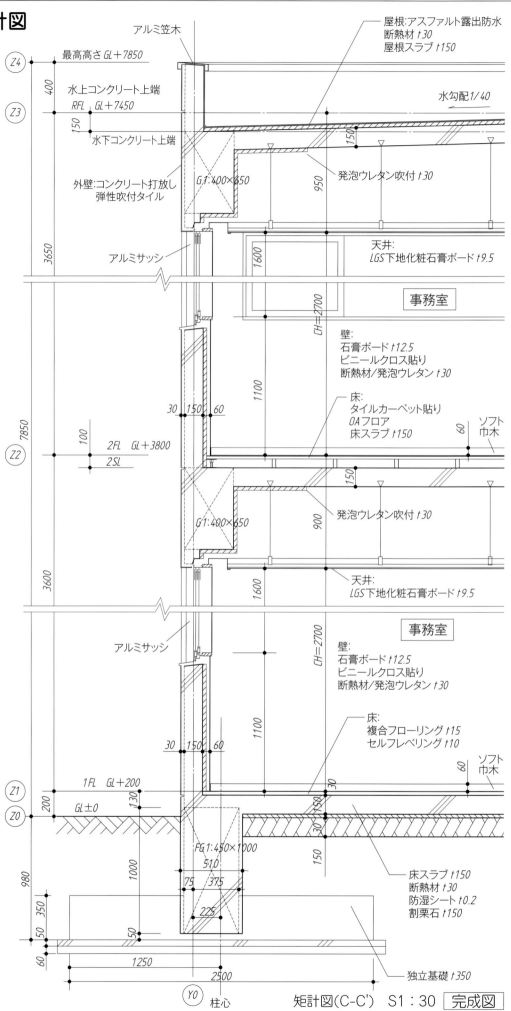

屋根:アスファルト露出防水
断熱材 t30
屋根スラブ t150

アルミ笠木

最高高さ GL＋7850

水勾配1/40

水上コンクリート上端
RFL　GL＋7450

水下コンクリート上端

外壁:コンクリート打放し
弾性吹付タイル

G1:400×650

発泡ウレタン吹付 t30

アルミサッシ

天井:
LGS下地化粧石膏ボード t9.5

事務室

CH＝2700

壁:
石膏ボード t12.5
ビニールクロス貼り
断熱材/発泡ウレタン t30

2FL　GL＋3800
2SL

床:
タイルカーペット貼り
OAフロア
床スラブ t150

ソフト
巾木

G1:400×650

発泡ウレタン吹付 t30

天井:
LGS下地化粧石膏ボード t9.5

事務室

CH＝2700

壁:
石膏ボード t12.5
ビニールクロス貼り
断熱材/発泡ウレタン t30

アルミサッシ

床:
複合フローリング t15
セルフレベリング t10

ソフト
巾木

1FL　GL＋200

GL±0

FG1:450×1000

床スラブ t150
断熱材 t30
防湿シート t0.2
割栗石 t150

独立基礎 t350

矩計図（C-C'）　S1：30　完成図

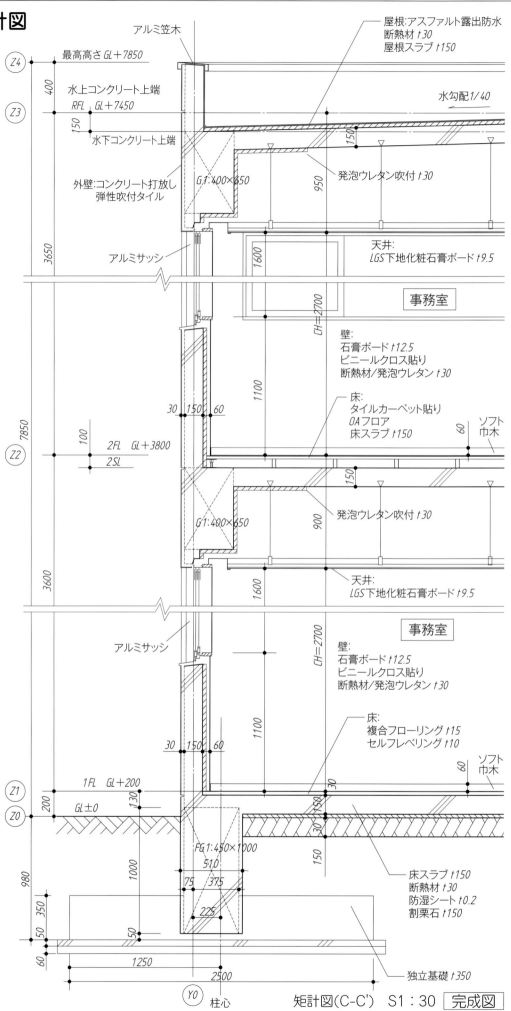

98

20-2 各部の説明図

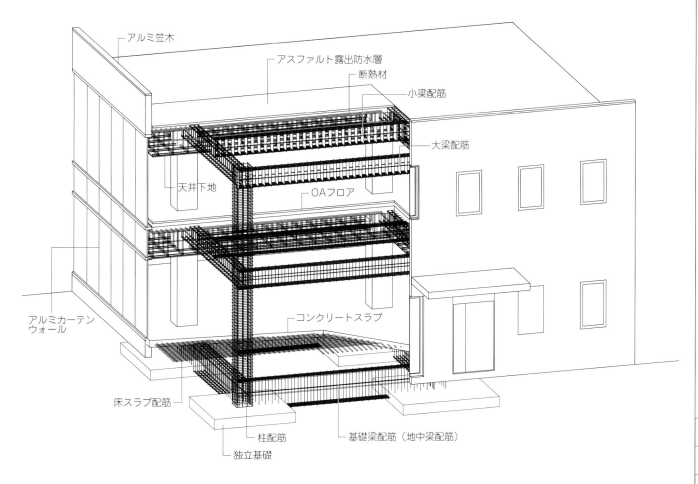

アルミ笠木
アスファルト露出防水層
断熱材
小梁配筋
大梁配筋
天井下地
OAフロア
アルミカーテン
ウォール
コンクリートスラブ
床スラブ配筋
柱配筋
基礎梁配筋（地中梁配筋）
独立基礎

01

02

03

04

05

20-3 描き方の手順

(1) 壁の中心線，高さ
   の基準線を描く

1. 高さの基準線(基礎梁
   下端，地盤床高，最高
   高さ)を細線の薄い下描
   き線で下描きする。
2. 壁心を一点鎖線で描く。
3. 高さを省略する部分に
   破断線を細線で描く。
4. 壁，柱，梁，床の構造
   体の下描きをする。

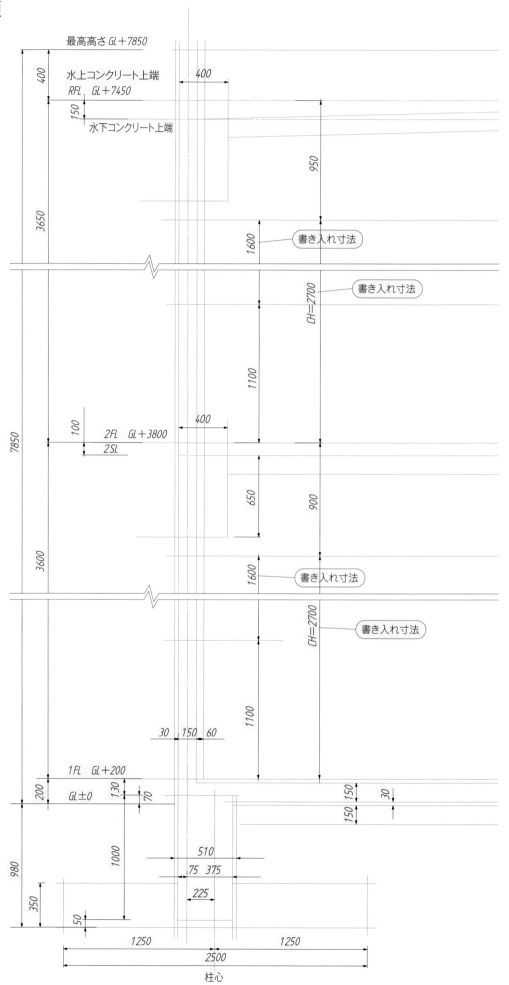

最高高さ GL＋7850

水上コンクリート上端
RFL　GL＋7450

水下コンクリート上端

2FL　GL＋3800
2SL

1FL　GL＋200

GL±0

書き入れ寸法

CH=2700

書き入れ寸法

書き入れ寸法

CH=2700

書き入れ寸法

柱心

（2）壁，柱，屋根，天井の下書きをする。

1. 外壁の躯体を壁心から振り分けて下描きする。

1.1 階床仕上げ，土間コンクリート，割栗石を下描きする。

2. 基礎梁，基礎梁下部の捨てコンクリート，割栗石を下描きする。

3. 2階梁，2階床仕上げ，床スラブを下描きする。

4. R階スラブを下描きし，1/40勾配で屋根スラブを下描きする。

5. 庇を下描きする。

6. パラペットを下描きする。

7. 外壁，内側の壁の仕上げ面を下描きする。

8. 屋根，パラペットの防水層を下描きする。

9. 壁，屋根の断熱材を下描きをする。

10. 床高を基準に天井を下描きし，天井の下地を下描きする。

11. 巾木を下描きする

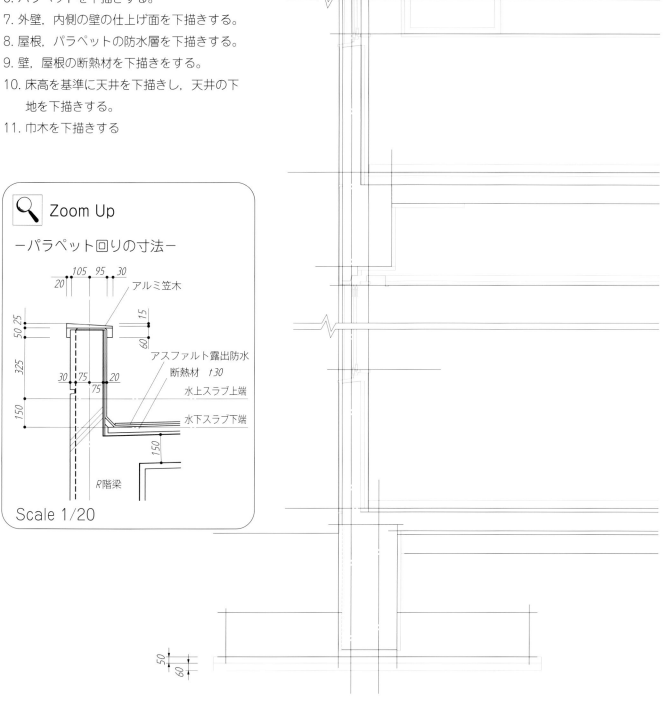

Zoom Up
－パラペット回りの寸法－

アルミ笠木
アスファルト露出防水
断熱材　t30
水上スラブ上端
水下スラブ下端
R階梁
Scale 1/20

01

02

03

04

05

(3) 躯体及び各部の仕上げをする

1. 躯体(壁，床，梁，庇，パラペット)を太線
   で仕上げる。
2. 姿として見える柱仕上げ面を下描きする。
3. 外壁，内側の壁を中線で仕上げる。
4. 1階，2階の天井を中線で仕上げる。
5. サッシの断面を中線で仕上げる。
6. 捨てコンクリート，割栗石などを太線で仕
   上げる。
7. 姿として見える線を中線で仕上げる。

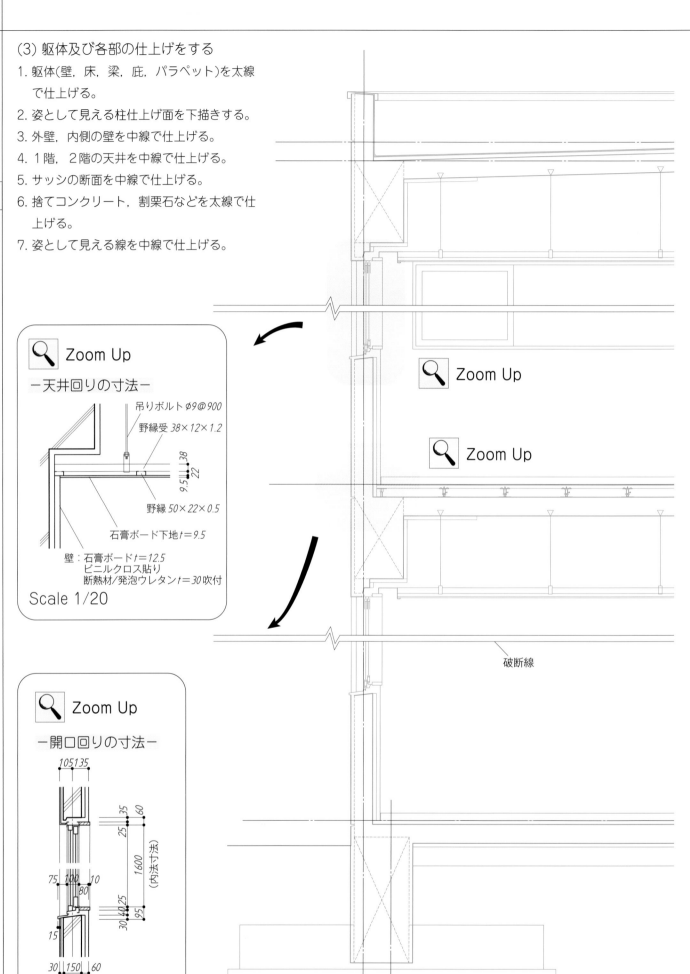

Zoom Up

－天井回りの寸法－

吊りボルト φ9@900
野縁受 38×12×1.2
野縁 50×22×0.5
石膏ボード下地 t=9.5
壁：石膏ボード t=12.5
　　ビニルクロス貼り
　　断熱材/発泡ウレタン t=30吹付

Scale 1/20

Zoom Up

Zoom Up

破断線

Zoom Up

－開口回りの寸法－

(内法寸法)

Scale 1/20

(4) ハッチング，寸法，
　　文字などを記入する

1. 地盤，鉄筋コンクリー
　　ト，割栗石のハッチン
　　グを極細線で描く。

2. 寸法線を細線で引き寸
　　法を描く。

3. 室名，各部の名称，図
　　面名，縮尺を記入し，
　　完成させる。

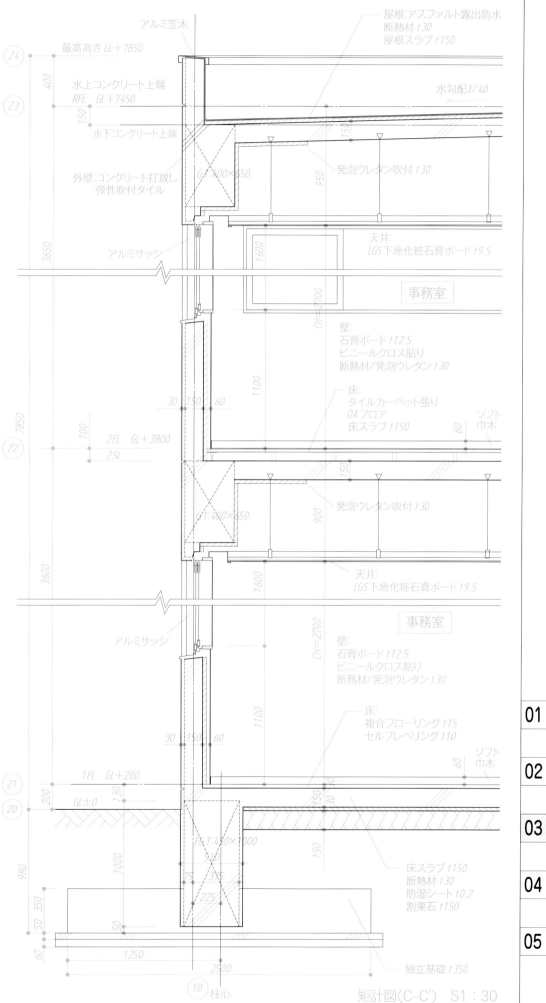

矩計図(C-C')　S1：30

Lesson 21　階段詳細図

21-1　階段詳細図とは

　階段詳細図には，平面詳細図と断面詳細図があり，1/30，1/50などで表現されます。階段の各部寸法は，建物の用途や面積に応じて建築基準法で定められています。事務所の場合は，蹴上げ22cm以下，踏面21cm以上，幅90cm以上（直上階の居室面積200m²以下のとき）と決められていますが，これは最低寸法ですので，これよりも緩やかな階段を計画するようにします。蹴上げは階段の途中で高さ寸法が変わらないように蹴上げを均等に割り付けることが大切です。また，階段の幅は手摺の出幅を考えて，踊り場の上下で階段の幅がほぼ同じ寸法となるようにします。

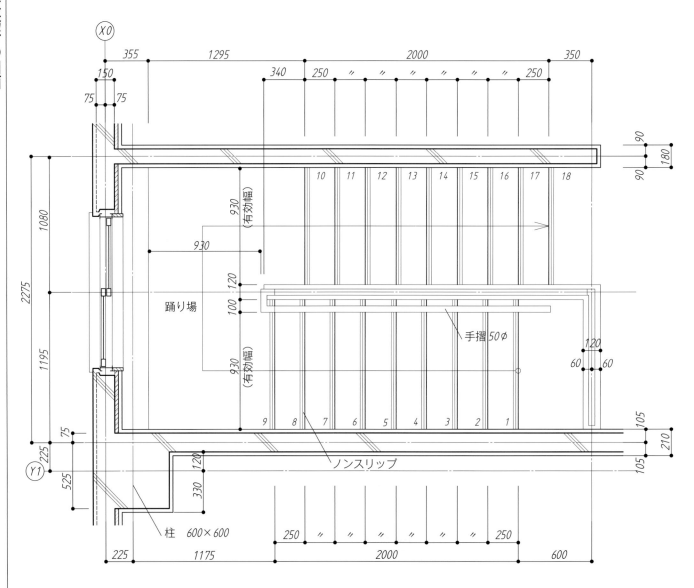

階段詳細図　平面図　S1：30　完成図

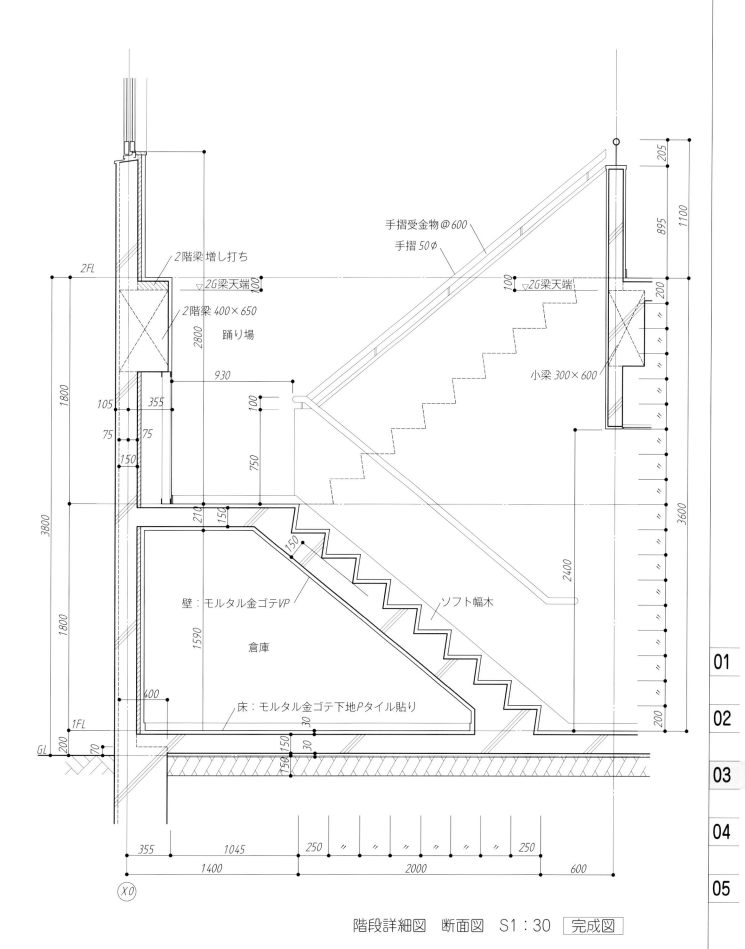

階段詳細図　断面図　S1：30　完成図

21-2 描き方の手順

　階段詳細図を描く場合，平面図と断面図を重ね合わせて考える必要があります。ここでは縮尺1/50として上下に各図面の描き方を示しています。

(1)壁，柱の中心線を描く

平面図
1. 壁心を細線の一点鎖線で描く。
2. 柱心，手摺の中心線の下描きをする。

断面図
1. 壁心を細線の一点鎖線で描く。
2. 柱心の下描きをする。
3. 高さの基準線（GL，1FL，踊り場，2FL）を下描きする。

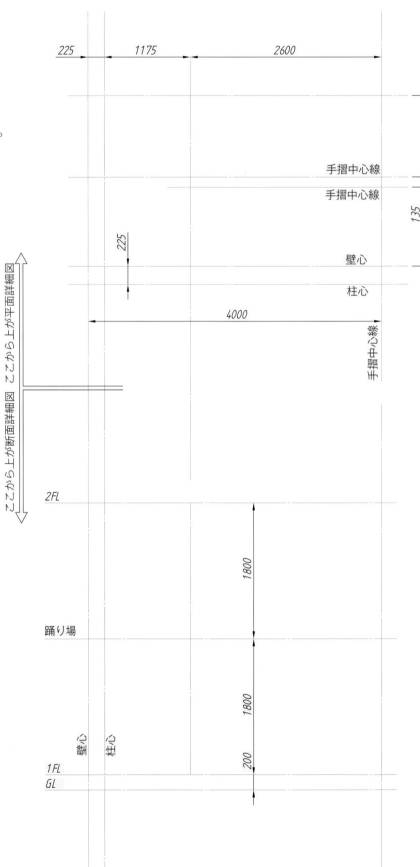

(2)躯体の下描きをする

平面図

1. 壁心を基準に躯体を下描きする。

2. 2階梁幅(400mm)を下描きする。

3. 踏面を下描きする。

4. 手摺，壁の下描きをする。

断面図

1. 壁心を基準に躯体壁を下描きする。

2. 外壁面に梁の外面を合わせて基礎梁を下描きする。

3. 2階梁(400mm×600mm)を下描きする。

4. 蹴上げ，踏面を下描きするための補助線を薄い細線で下描きする。

5. 蹴上げ，踏面を下描きする。

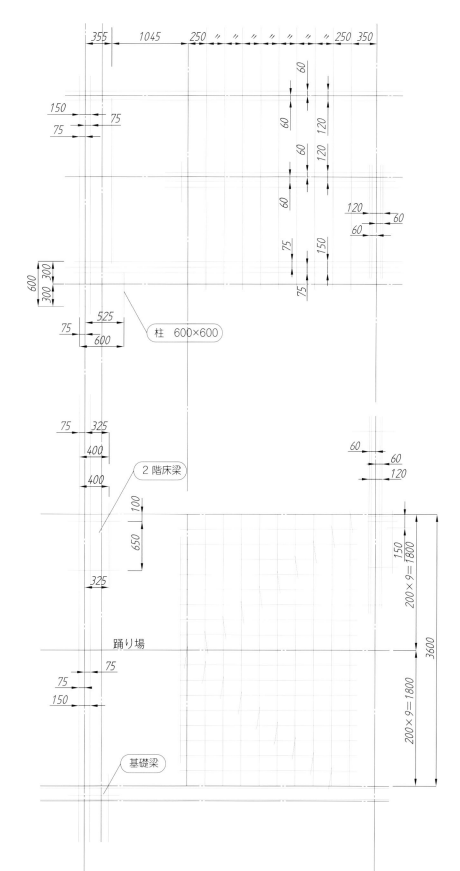

107

(3)躯体の仕上げをする

平面図

1. 躯体を太線で仕上げる。(打増し部
   分は中線の破線)
2. 壁の仕上げ線を下描きする。

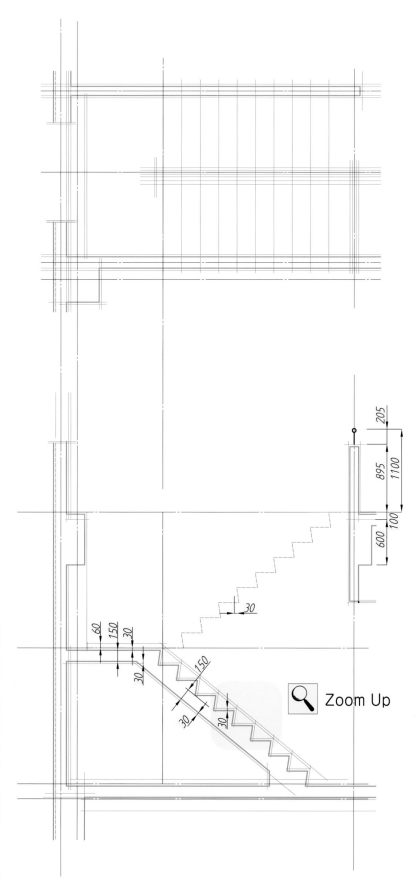

断面図

1. 躯体を太線で仕上げる。(打増し部
   分は中線の破線)
2. 壁の仕上げ線を下描きする。
3. 階段の段の下描きをし,階段スラブ
   厚150mmをとる。
4. 踊り場を下描きする。

🔍 Zoom Up

−階段の寸法−

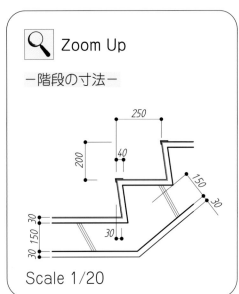

Scale 1/20

(4)各部の下描きをする

平面図

1. サッシの下描きをする。
2. 手摺の下描きをする。
3. 2階梁の姿として見える線を中線で
   仕上げる。
4. 壁の仕上線を仕上げる。

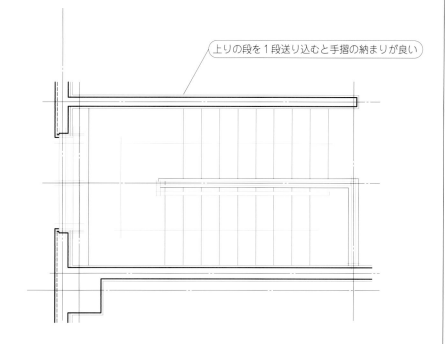

上りの段を1段送り込むと手摺の納まりが良い

断面図

1. サッシの下描きをする。
2. 踏面先端から手摺上面までの高さ
   (850mm)をとり，手摺(50φ)を下描
   きする。
3. 2階の手摺上面までの高さ
   (1100mm)をとり，手摺の断面(50φ)
   を下描きする。
4. 壁の仕上線を仕上げる。
5. 手摺壁にかくれる部分は破線で示す。

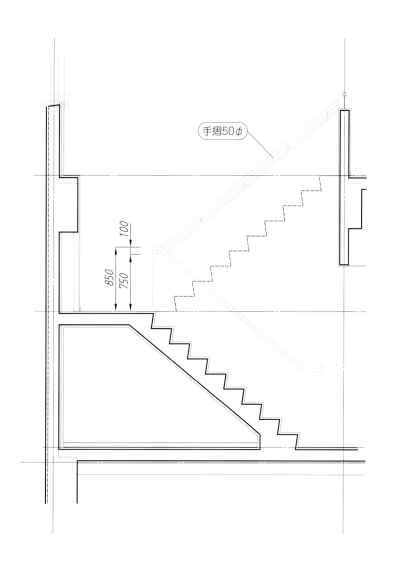

手摺50φ

100
850
750

(5)各部の仕上げをする

平面図

1. サッシを仕上げる。
2. 手摺を仕上げる。
3. ノンスリップを描く。
4. 階段の上がり方向を示す矢印を描く。

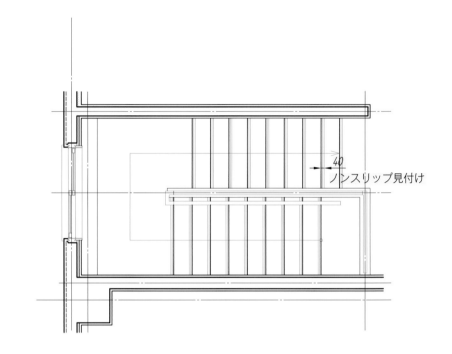

40
ノンスリップ見付け

断面図

1. サッシを仕上げる。
2. 建具を仕上げる。
3. 手摺を仕上げる。

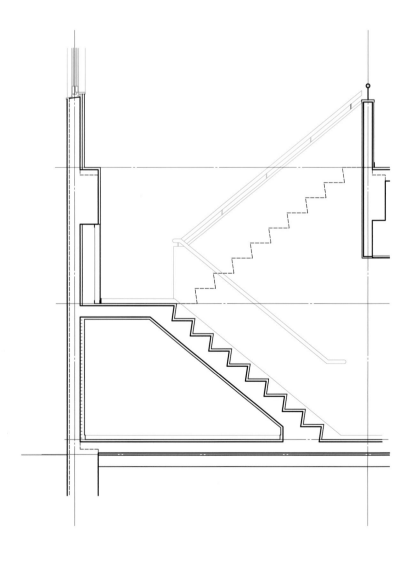

(6)ハッチング，寸法，文字などを記
　　入する

平面図

1. RC壁のハッチングを極細線で描く。

2. 寸法線を細線で引き，寸法を記入する。

3. 通り心符号を記入する。

4. 室名，各部の名称，図面名，縮尺を記
　　入し，完成させる。

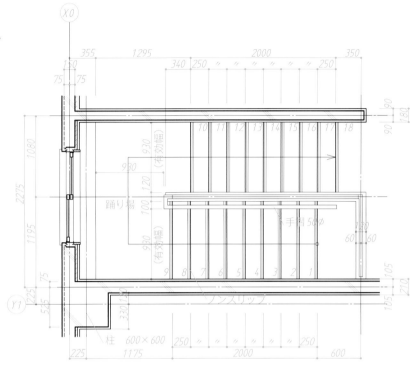

階段詳細図 平面図　S1：30　完成図

断面図

1. RC壁，基礎梁，割栗石，地盤のハッ
　　チングを極細線で描く。

2. 寸法線を細線で引き，寸法を記入する。

3. 通り心符号を記入する。

4. 室名，各部の名称，図面名，縮尺を記
　　入し，完成させる。

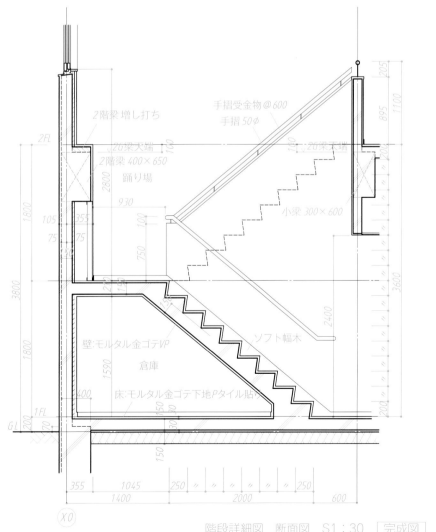

階段詳細図　断面図　S1：30　完成図

01

02

03

04

05

111

Lesson 22　構造図

22-1　床伏図

床伏図は，構造部材の配置位置や寸法，レベルなどを表す図面です。

普段から，構造設計に携わっていなければ描けない専門性が高い図面です。

(1)基礎伏図

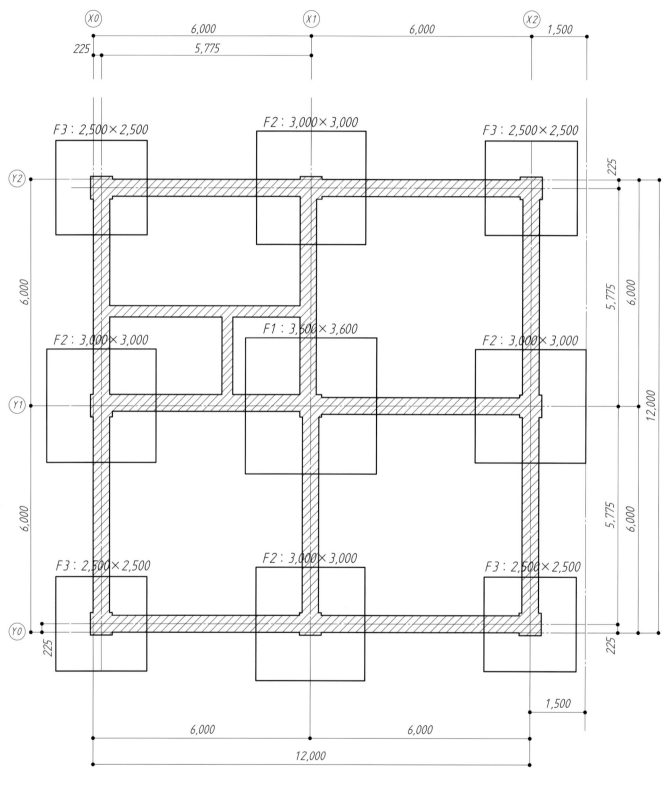

特記なき限り下記による
・直接基礎　t350, D19 ─@100
・基礎下端はGL-980とする

基礎伏図　S1：100　　完成図

(2) 1階伏図

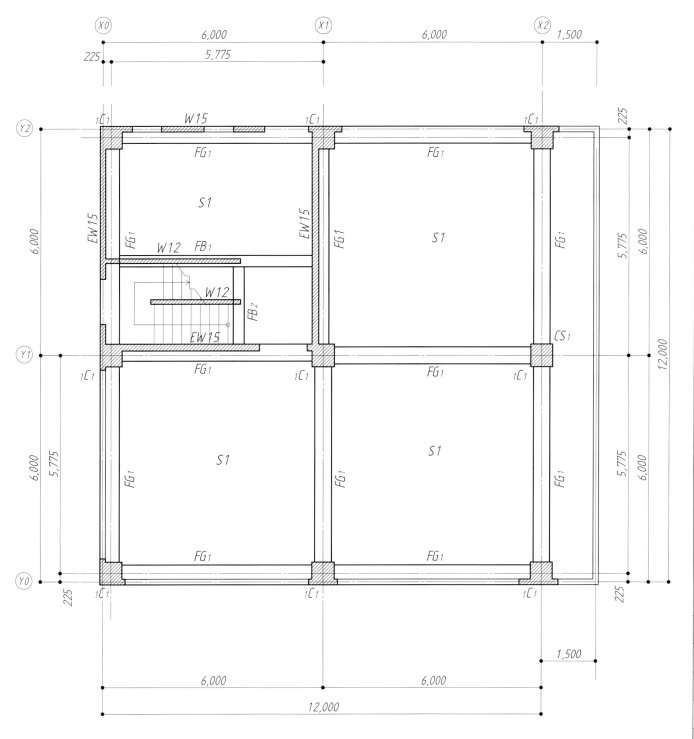

1階伏図　S1：100　完成図

01

02

03

04

05

(3) 2階伏図

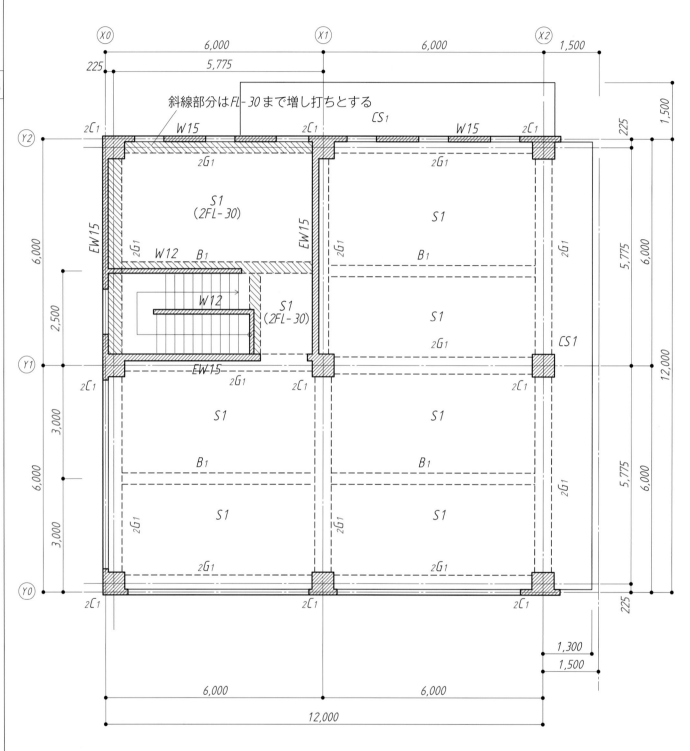

斜線部分は FL-30 まで増し打ちとする

2階伏図　S1：100　[完成図]

特記なきはスラブ天端，梁天端は 2FL-100 とする

(4)R階伏図

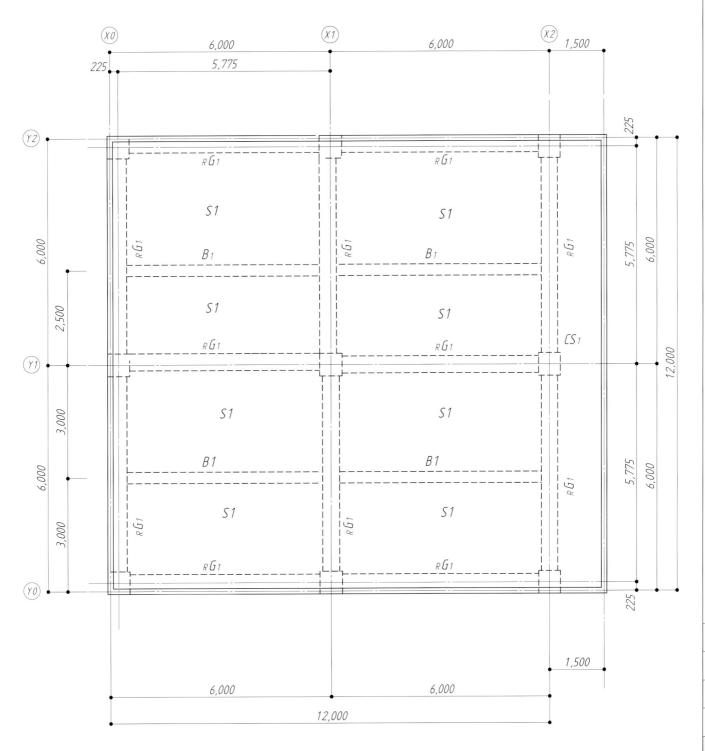

R階伏図　S1：100　完成図

01

02

03

04

05

22-2 部材リスト

部材リストでは，基礎・梁・柱など構造躯体の断面形，配筋などをリスト化した図面です。

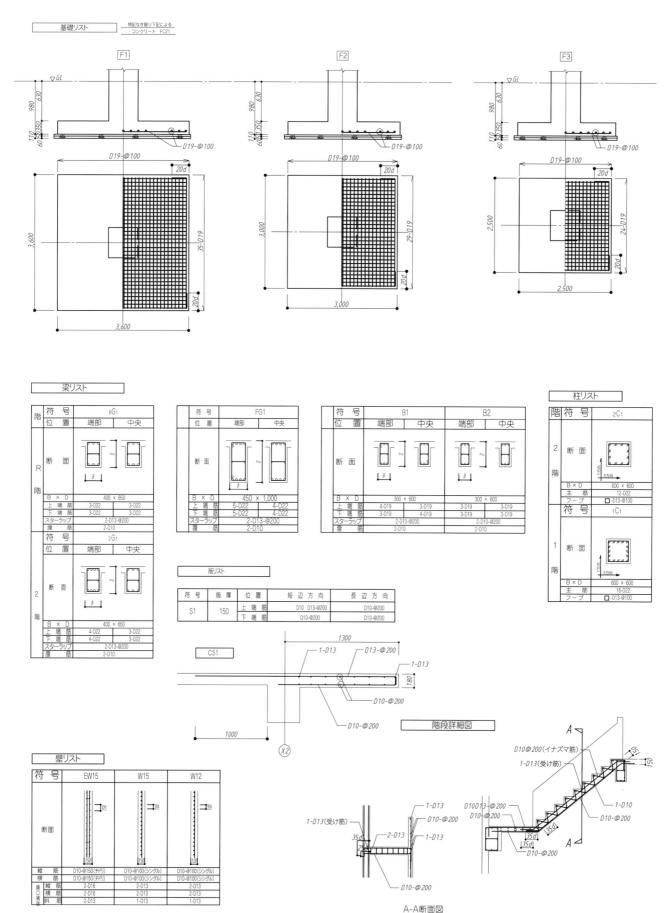

22-3 軸組図

軸組図は，各通り心で切断して，それらを横からみた立面図です。柱・梁・壁などの高さ方向での位置を表示します。

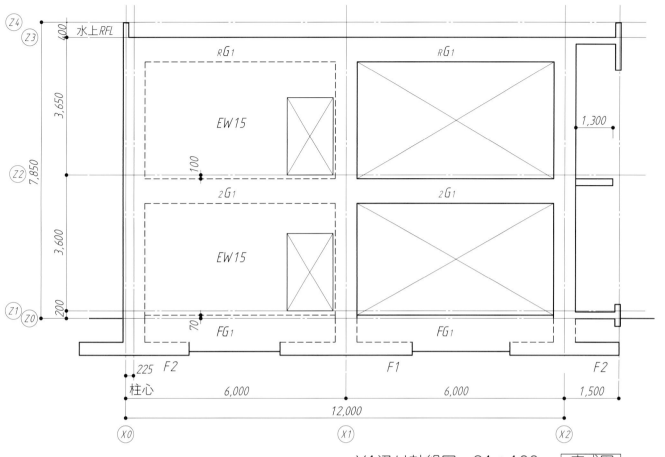

Y1通り軸組図　S1：100　完成図

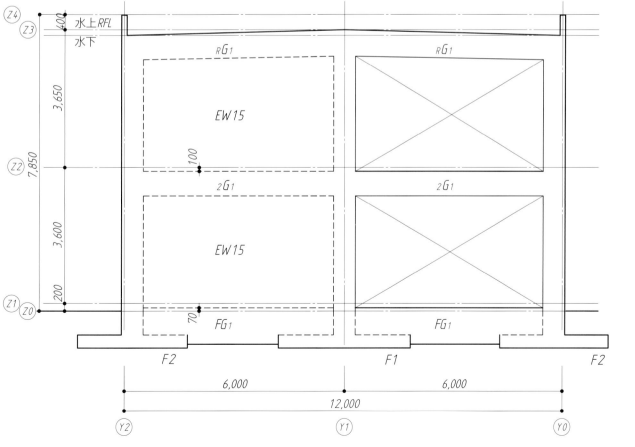

X1通り軸組図　S1：100　完成図

01

02

03

04

05

117

22-4 架構配筋詳細図

架構配筋詳細図は，軸組図に鉄筋の配置を描き入れた図です。鉄筋の種類や本数、鉄筋の定着や継手位置などを表示します。

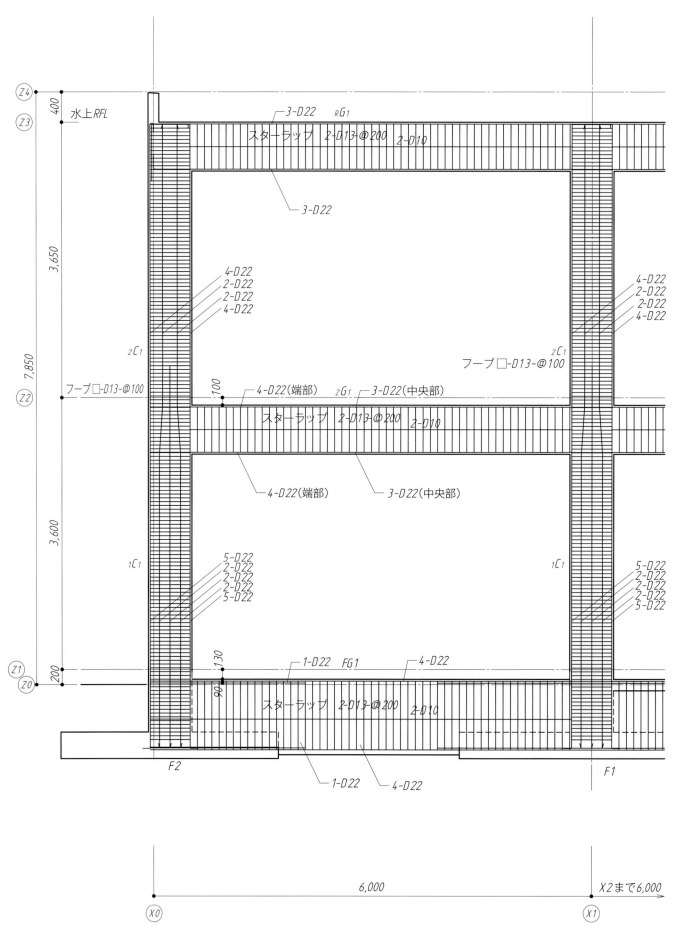

Y1通り架構配筋詳細図　S1：50　完成図

Chapter 4
鉄骨（S）造集会場の図面

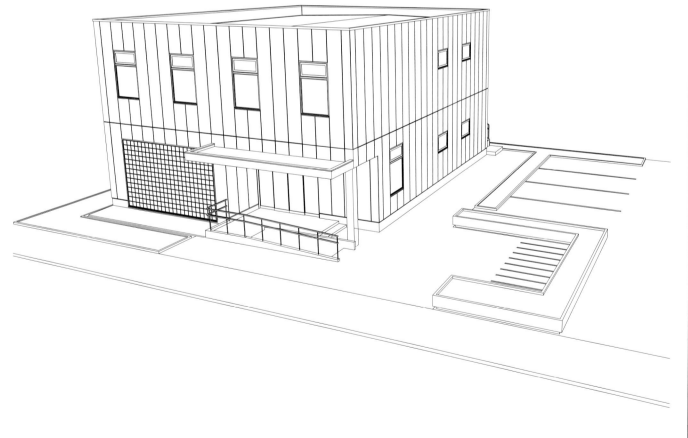

建物の概要

建物概要

敷地面積　600.00m²
建築面積　177.21m²
床 面 積　1 階　162.41m²
　　　　　2 階　172.80m²
　　　　　延べ　335.21m²
用　　途　集会場
構　　造　鉄骨造（ラーメン構造）
階　　数　2階建て

仕　　上
　外　部　屋　根　シート防水露出工法
　　　　　外　壁　アクリルリシン吹付
　　　　　開口部　アルミサッシ
　内　部　床　　複合フローリング・畳
　　　　　壁　　ビニールクロス貼り
　　　　　天　井　岩綿吸音板張り

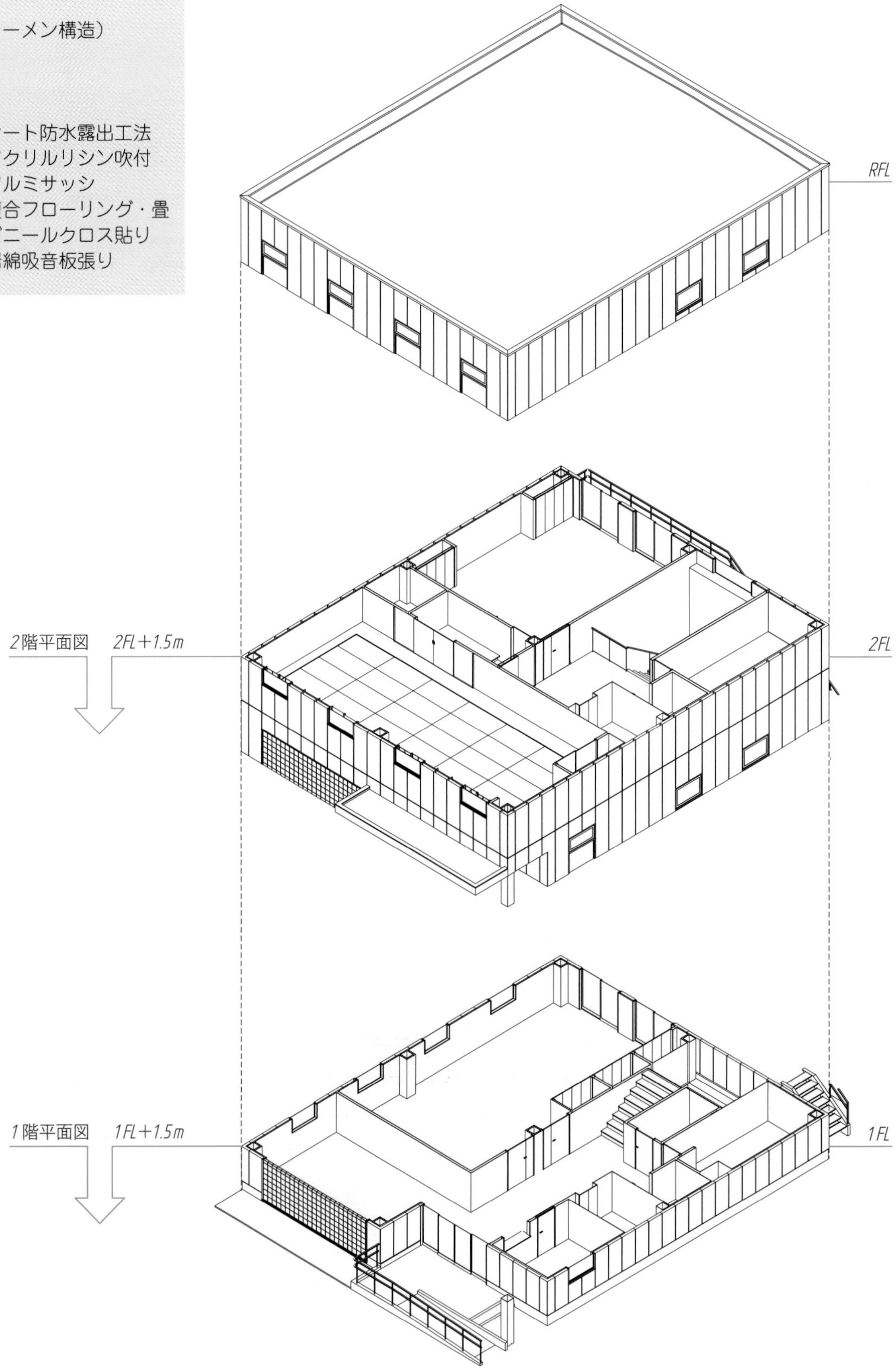

RFL

2階平面図　2FL+1.5m

2FL

1階平面図　1FL+1.5m

1FL

Lesson 23　1階平面図

23-1(1)　S造平面図の注意点

　S造は，柱，梁，床，壁が一体となったRC造とは違い，それぞれの柱，梁となる鉄骨部材を組み合わせて造るので，木造の在来工法に近い構造です。1/100の縮尺では構造体と仕上げを区別しない描き方が一般的ですが，RC造と区別するために柱だけは表現するようにします。

23-1(2)　1Fエスキース

　RC造と同様に，１階平面図のエスキースをします。
　S造の構造を考慮し，壁の位置，厚さ，柱の大きさなどの寸法をおさえて，エスキースを作成します。

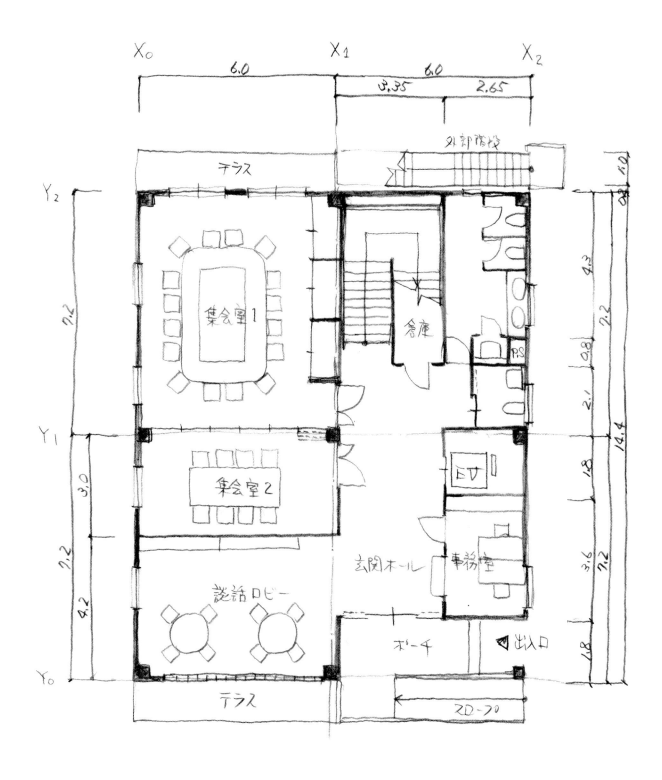

23-1(3) 1階平面図の完成図

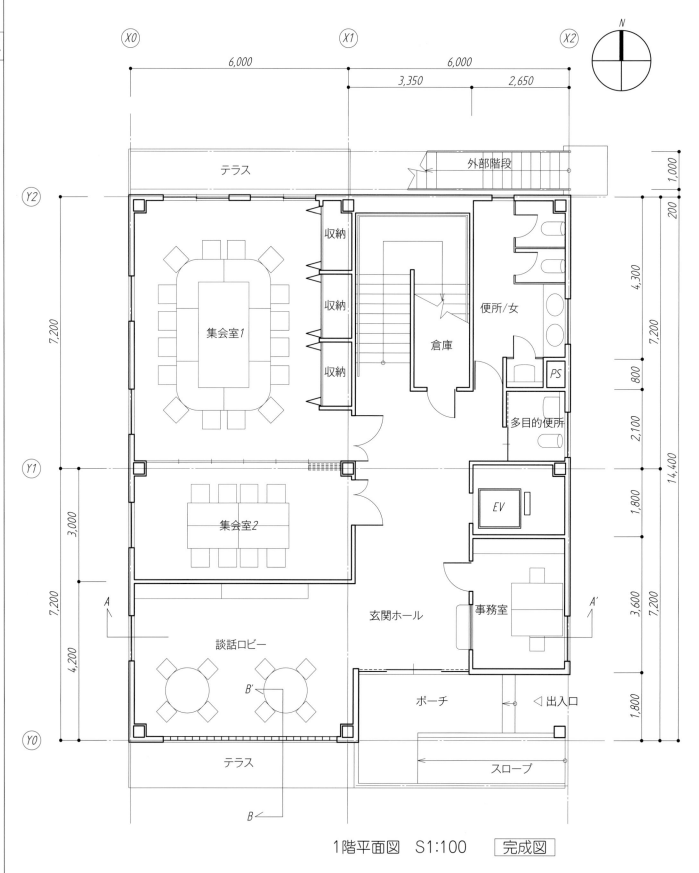

1階平面図　S1:100　　完成図

04

S造集会場の図面

122

23-2 描き方の手順

(1) 壁，柱の中心線を描く

　壁，柱の中心線を細線の薄い線で下描きします。S造の建物は，構造体の外側に外壁の仕上げ壁を取り付けるために，壁心と柱心はずれます。

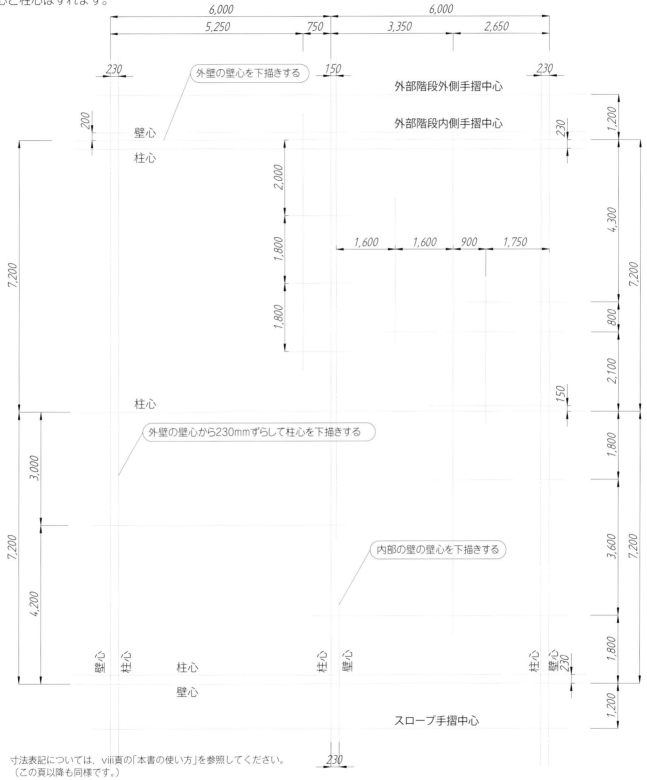

寸法表記については，viii頁の「本書の使い方」を参照してください。
（この頁以降も同様です。）

 Attention

　－壁心と柱心のずれ－
　本章の建物は　ALC板（厚さ100mm）を取り付けており，柱とALC板との間に30mmのクリアランスをとっています。したがって，柱心は壁心より230mmずれることになります。
（計算式　柱300/2 ＋ 壁100/2 ＋ クリアランス30 ＝ 230）(P124参照)

01
02
03
04
05

(2) 壁線，柱線を下描きする

壁の中心線の両側に壁厚を振り分けて細線の薄い線で描きます。柱心から鉄骨柱（300mm×300mm）を下描きします。この規模の鉄骨造の建物には，柱に角型鋼管を使用するのが一般的です。

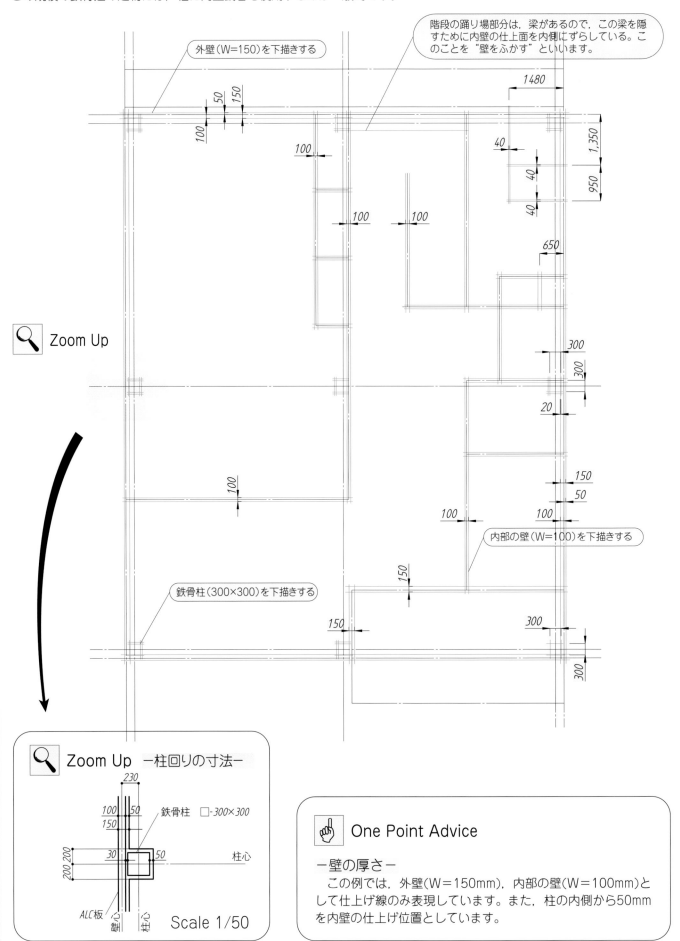

外壁（W=150）を下描きする

階段の踊り場部分は，梁があるので，この梁を隠すために内壁の仕上面を内側にずらしている。このことを"壁をふかす"といいます。

1480

1,350

950

650

300

300

20

150

50

内部の壁（W=100）を下描きする

🔍 Zoom Up

鉄骨柱（300×300）を下描きする

150

150

300

300

🔍 Zoom Up －柱回りの寸法－

230

100 50

150

鉄骨柱 □-300×300

200 200

30 50

柱心

ALC板 壁心 柱心

Scale 1/50

☝ One Point Advice

－壁の厚さ－

この例では，外壁（W=150mm），内部の壁（W=100mm）として仕上げ線のみ表現しています。また，柱の内側から50mmを内壁の仕上げ位置としています。

（3）壁線，柱線を仕上げる

外壁ALC板のパネル割付に注意し，開口部の位置を下描きします。壁線と柱線を太線で仕上げます。

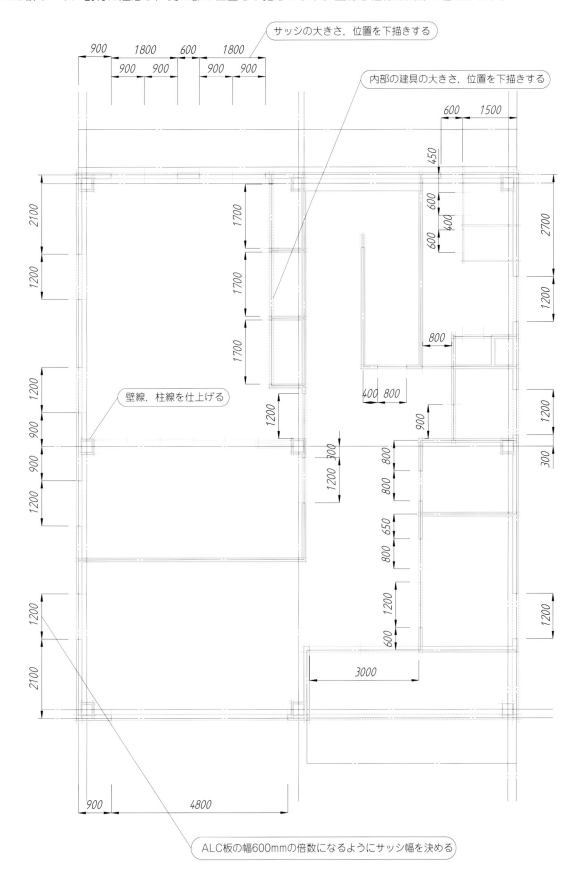

サッシの大きさ，位置を下描きする

内部の建具の大きさ，位置を下描きする

壁線，柱線を仕上げる

ALC板の幅600mmの倍数になるようにサッシ幅を決める

01

02

03

04

05

(4) 開口部を描く

外部アルミサッシ，内部建具など表示記号に従って，中線で描きます。

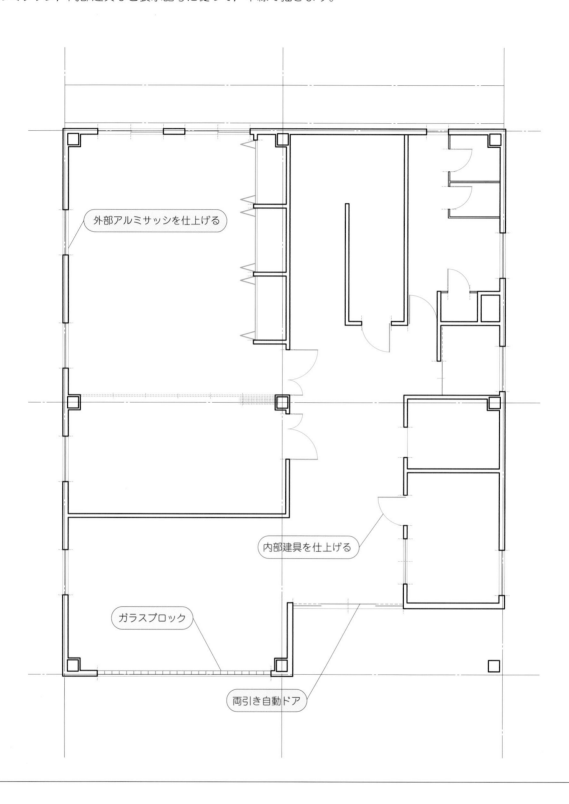

外部アルミサッシを仕上げる

内部建具を仕上げる

ガラスブロック

両引き自動ドア

👆 **One Point Advice**

－S造外壁仕上材－

　S造の外壁仕上げは，メタルラスなどで下地をつくりモルタルなどを塗る湿式工法もありますが，乾式工法が一般的です。乾式工法は，ALC板のほかに，PCパネル，金属サイディング，繊維補強ボードなどが用いられますが，いずれも製品の基本サイズを考慮して計画することが大切です。ALC板は，厚さ(75, 100, 125, 150)，長さ(1500〜5000)，と種類がありますが，幅は600が標準です。

（5）各部の仕上げ

　階段や設備機器などを中線で描き込みます。外部回り（外部階段，玄関ポーチ，スロープ，テラスなど）を中線で仕上げ，床目地を極細線で描きます。

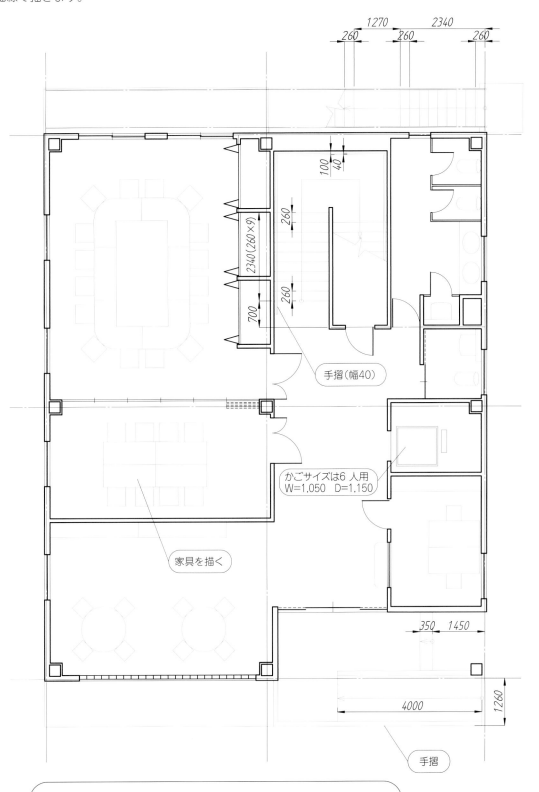

手摺（幅40）

かごサイズは6 人用
W=1,050　D=1,150

家具を描く

手摺

> ## ☝ One Point Advice
>
> ### －スロープの幅と勾配－
> 　スロープは，車椅子利用者を考慮し，幅は1200以上，勾配は1/12以下として計画する必要があります。また，高低差があまり無い場合でも手摺は設けたほうがよいでしょう。

01

02

03

04

05

(6) 寸法，通り心符号，室名などを記入する

　寸法線，寸法補助線，寸法，文字，通り心符号を記入します。断面図，矩計図の切断位置を記入します。室名，図面名称，縮尺，方位を記入して完成させます。

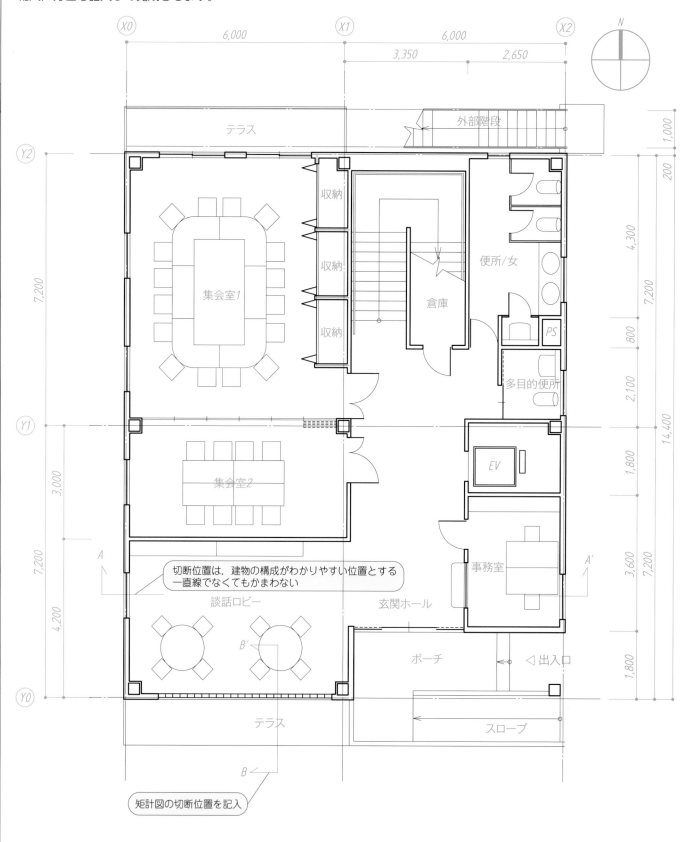

1階平面図　S1:100

23-3　2階平面図の完成図

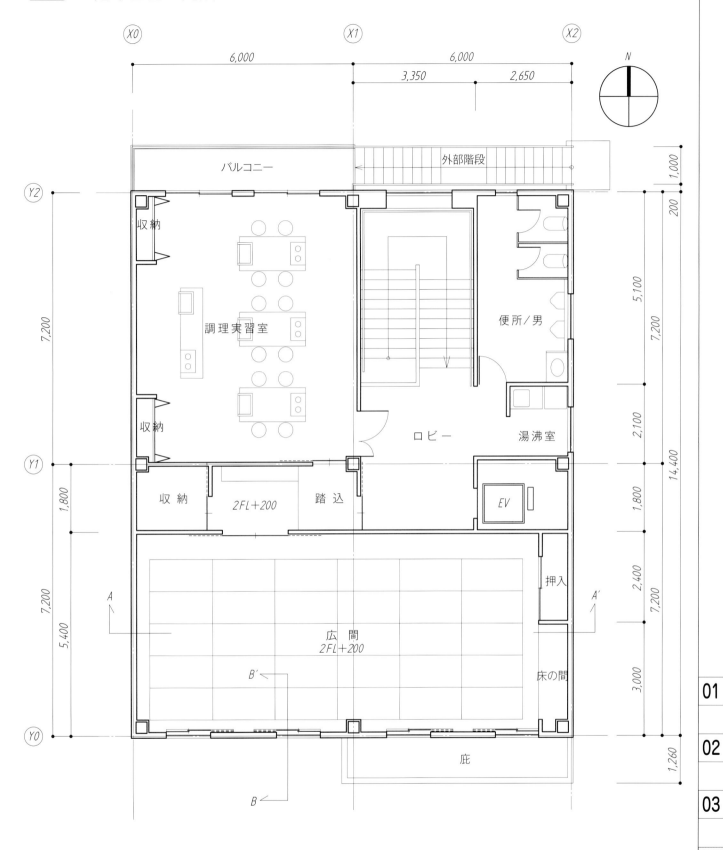

2階平面図　S1：100　完成図

01

02

03

04

05

23-4 配置図の完成図

作図手順

1. 隣地境界線，道路境界線を敷地の形状，大きさに合わせて，中線の一点鎖線（道路境界線は実線）で描く。
2. 境界線の交点を○で囲む。
3. 前面道路の反対側の境界線を描く。（紙面に入らない場合は省略してもよい。）
4. 建物の位置をきめ，外壁心と外壁線を下書きする。
5. 外壁線を実線（太線）で引く。
6. 敷地内にある駐車スペース，駐輪スペース，植栽を中線で描く。
7. 寸法線（細線）を引き，寸法を記入する。
8. 隣地境界線，道路境界線の寸法を記入する。
9. 各部名称，出入口の表示を記入する。
10. 図面名称，縮尺，方位を記入し完成させる。

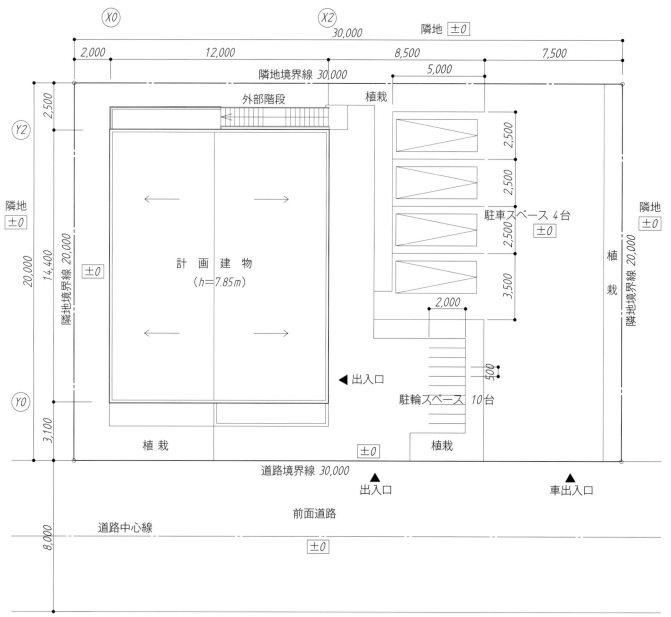

配置図　S1：200　完成図

Lesson 24　断面図

24-1 S造断面図の注意点

　S造断面図は，RC造と同様に垂直に切断した断面の直立面への投影図でおもに高さ方向の関係を表します。1/100の縮尺では平面図と同様に構造体を表現せずに仕上げ線のみで描きますが，RC造と区別するために鉄骨梁（大梁）のみ構造体を示しています。

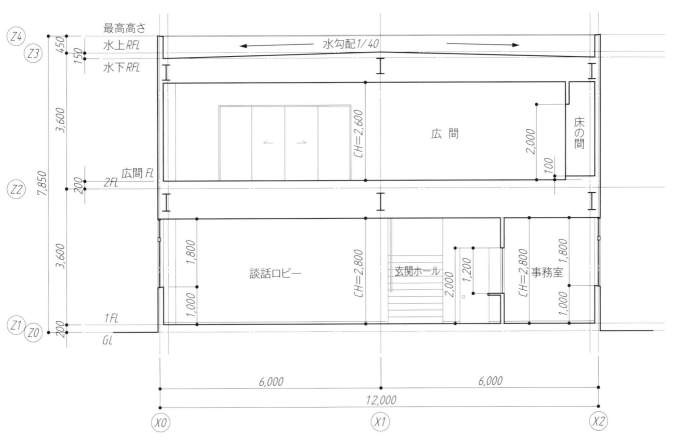

A-A' 断面図　S1：100　完成図

01

02

03

04

05

131

24-2　描き方の手順

(1) 壁の中心線，柱の中心線，高さの基準線を描く

　GLライン，各階の床，パラペット上端を細線の薄い線で下描きします。外壁の中心線，柱の中心線は細線の一点鎖線で描きます。RC造と同様に屋根スラブは雨水が流れるように水勾配をとります。

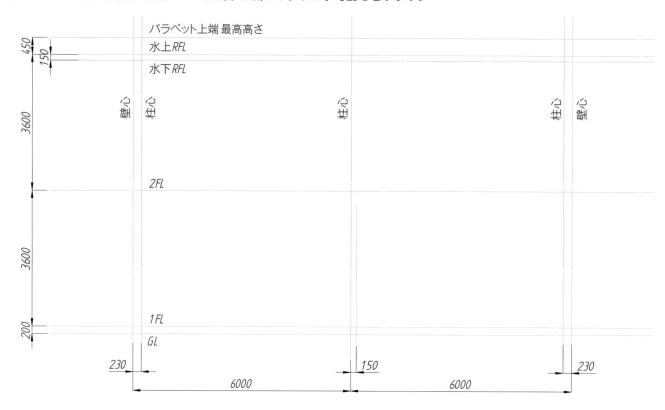

(2)壁，天井，開口部，屋根を下描きする

　壁心の左右に壁線を下描きし，開口部の高さ，天井高さを下描きします。平面図と同様に仕上げ線で示すので，外壁　W＝150mm　内側の壁　W＝100mmとして表現します。

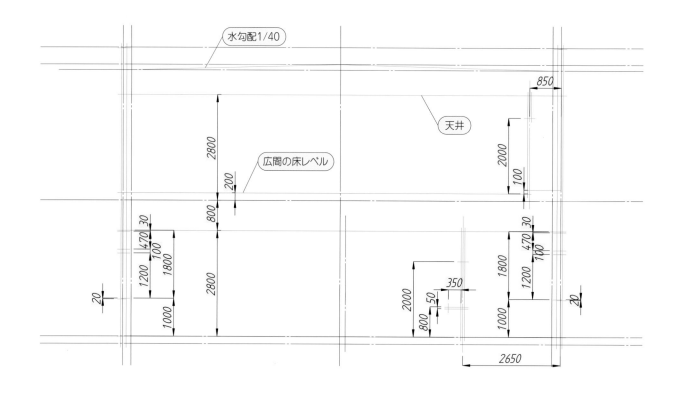

(3) 壁，天井，開口部，屋根を仕上げる

　下描き線をもとに断面線を太線で仕上げます。鉄骨梁H型鋼の断面を外壁部分は柱の外側にそろえ，その他の部分は柱心から均等に振り分けて太線で仕上げます。

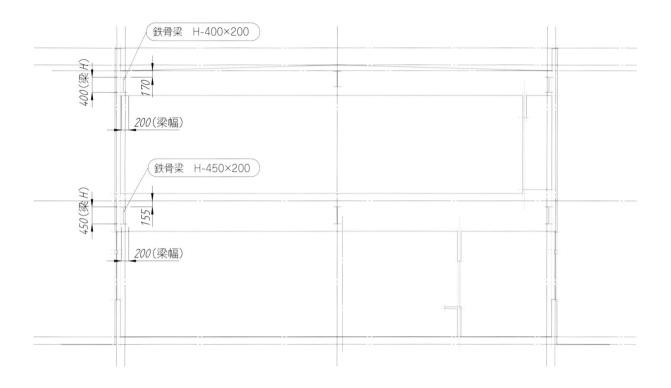

(4) 壁面の姿図を描く

　断面図の切断位置から切断方向に見える開口部や壁を描きます。平面図から柱や開口部の位置をとると描きやすいです。

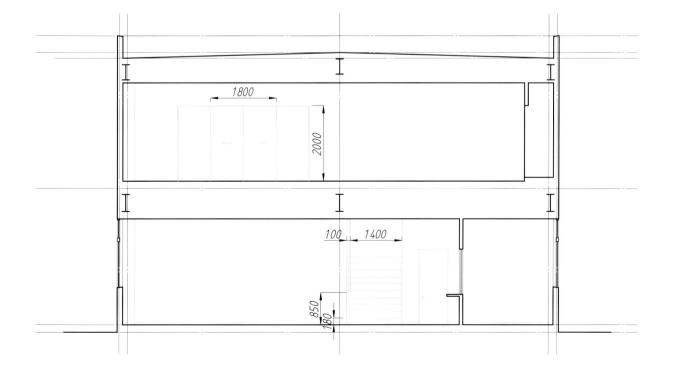

01

02

03

04

05

(5) 寸法，文字などを記入する

建物高さ，階の高さ，天井，開口部の高さなどの寸法，通り心符号，室名などの文字を記入します。

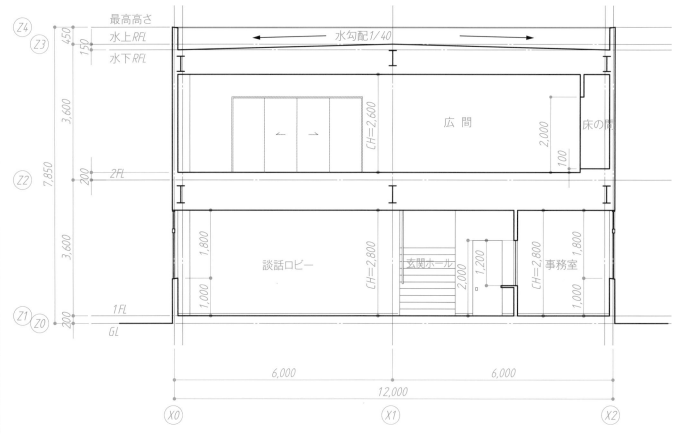

A-A' 断面図　S1：100

24-3 躯体を表現した断面図（参考図）

1/100の断面図は，基礎梁，床梁，床スラブなどの躯体断面を表現する方法もあります。ここでは構造を理解するために参考として描いています。小梁サイズはH-350×175としています。

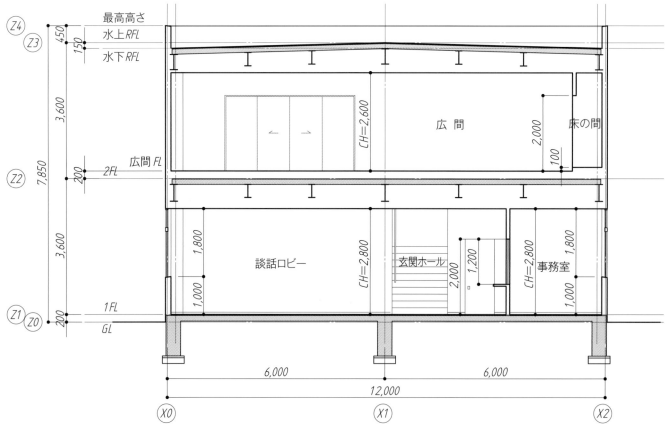

A-A' 断面図　S1：100　参考図

Lesson 25　立面図

25-1　S造立面図の注意点

　S造の立面図はRC造と同様に，建物の外壁の直立面への投影図で，通常は東西南北の4面が表されます。立面図には，外壁，開口部など外から見えるものを表現しますが，縦樋，換気ロベントキャップなどの設備用部材は，1/100の縮尺では省略することが多いです。外壁がALC板の場合はパネル割付に注意しながら描きます。

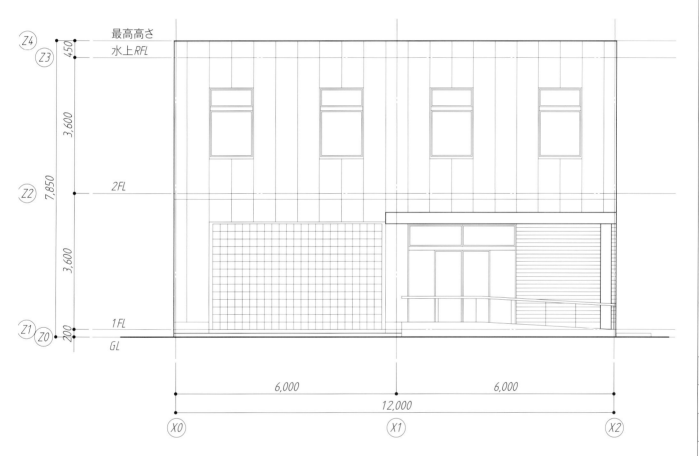

南立面図　S1:100　　完成図

01

02

03

04

05

25-2 描き方の手順

(1) 壁の中心線，高さの基準線を描く

GLライン，各階の床，壁の中心線を細線の薄い線で下描きします。

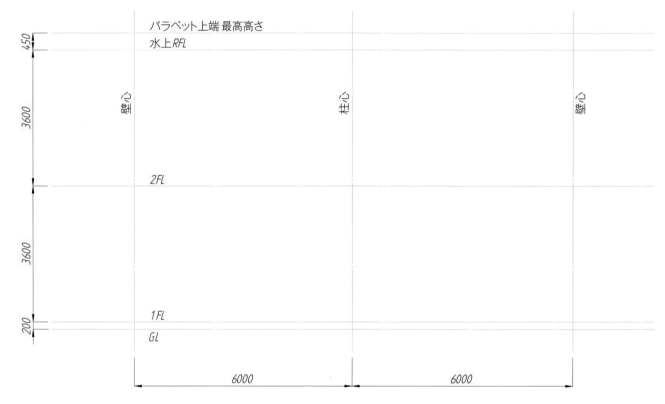

(2) 壁の下描きする

壁心から外壁の厚み分を外側にとり外壁の下描きをします。外壁パネル(ALC板 W＝600)を割り付けます。

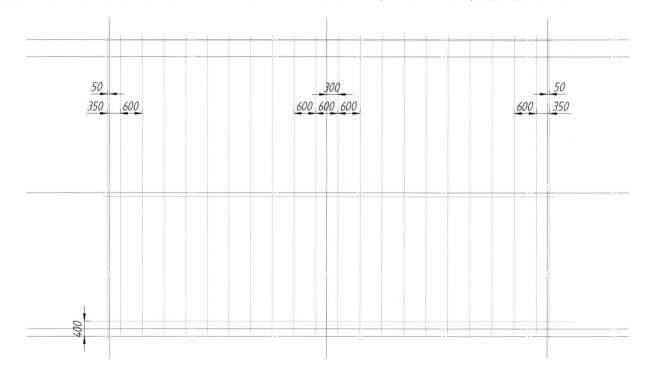

(3) 開口部の下描き

平面図と違いがないように開口部，庇の位置を下描きします。

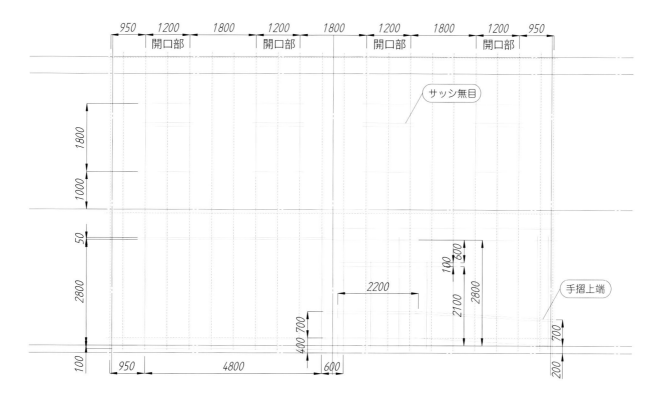

(4) 壁，開口部を仕上げる

下描き線をもとに壁，開口部および庇などを中線で仕上げます。ガラスブロック目地（200×200）及びポーチ壁のタイル目地（100）を細線で仕上げます。GLラインは太線とします。外壁パネルの目地，開口部の表示記号を描きます。

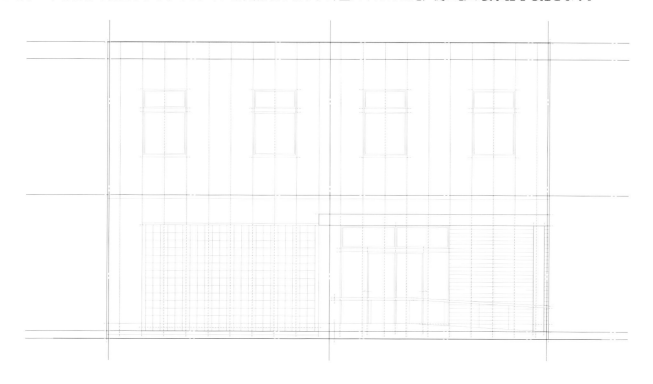

01

02

03

04

05

(5) 寸法，文字などの記入

建物の高さ，階の高さ，通り心符号を記入します。

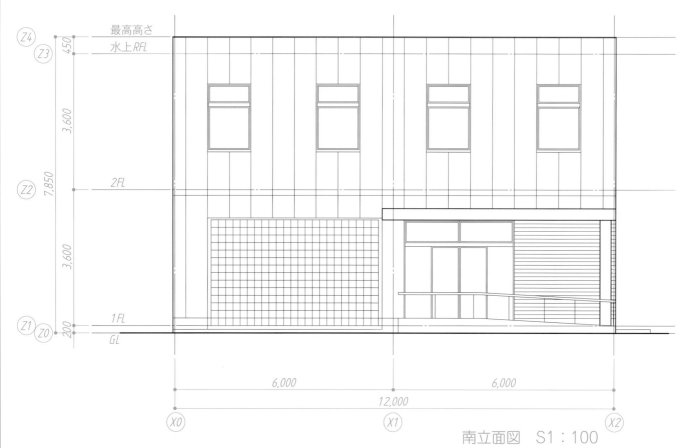

南立面図　S1：100

25-3 立面図の完成図

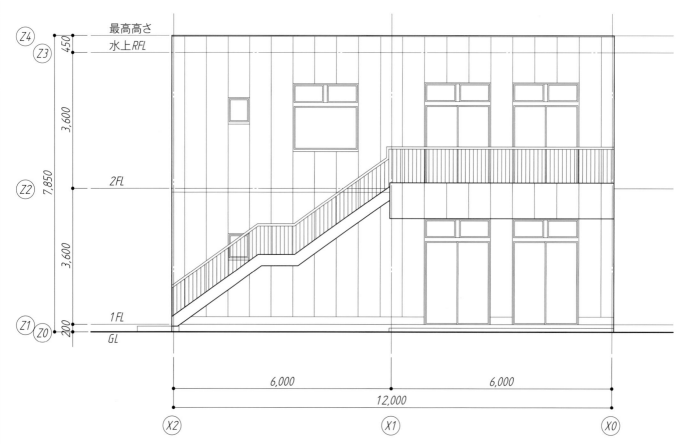

北立面図　S1：100　完成図

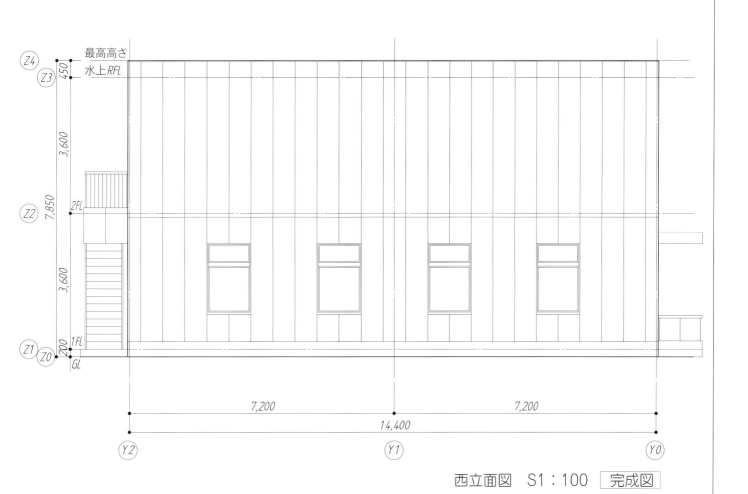

西立面図　S1：100　完成図

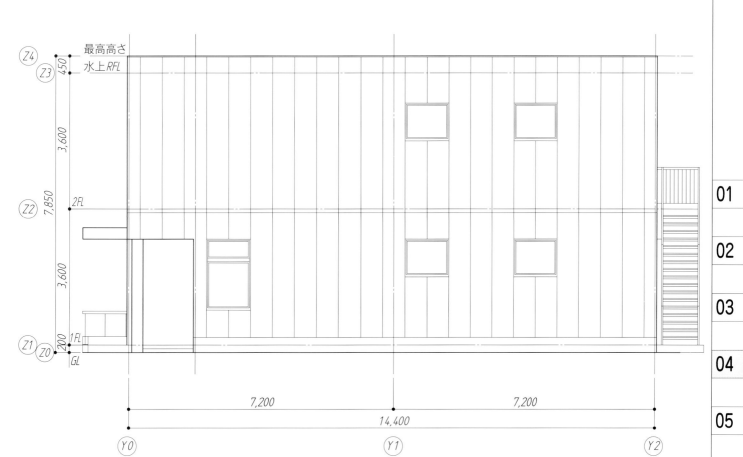

01

02

03

04

05

東立面図　S1：100　完成図

139

Lesson 26　矩計図

26-1　S造矩計図の注意点

　S造矩計図は，RC造と同様に，標準となる箇所の垂直断面を詳細に示すもので，基準となる高さ（床，天井，開口など）や仕上げ材料が表されます。断面図の縮尺では，示せなかった鉄骨構造体の寸法，仕上げの厚さを記入します。

　ここでは用紙内の中に全図面が入りきらないため，破断線を用いて垂直方向の途中を省略して描いています。この場合書き入れた寸法は，紙面上実際と違うことになります。これを「書き入れ寸法」と言い，数字の下にアンダーラインをして表現することもあります。用紙内に垂直方向の全てが納まる場合は，省略しないで寸法通り描きます。

04　S造集会場の図面

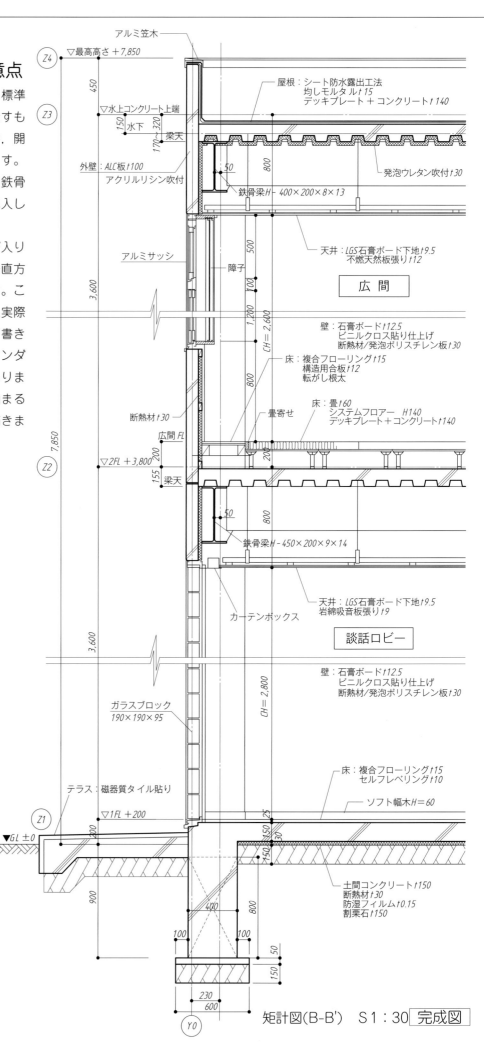

矩計図(B-B')　S1：30　完成図

アルミ笠木
▽最高高さ＋7,850
▽水上コンクリート上端
水下
梁天
外壁：ALC板t100
アクリルリシン吹付
アルミサッシ
障子
屋根：シート防水露出工法
　　　均しモルタルt15
　　　デッキプレート＋コンクリートt140
発泡ウレタン吹付t30
鉄骨梁H－400×200×8×13
天井：LGS石膏ボード下地t9.5
　　　不燃天然板張りt12
広間
CH＝2,600
壁：石膏ボードt12.5
　　ビニルクロス貼り仕上げ
　　断熱材／発泡ポリスチレン板t30
床：複合フローリングt15
　　構造用合板t12
　　転がし根太
床：畳t60
　　システムフロアー　H140
　　デッキプレート＋コンクリートt140
畳寄せ
断熱材t30
広間FL
▽2FL＋3,800
梁天
鉄骨梁H－450×200×9×14
カーテンボックス
天井：LGS石膏ボード下地t9.5
　　　岩綿吸音板張りt9
談話ロビー
CH＝2,800
壁：石膏ボードt12.5
　　ビニルクロス貼り仕上げ
　　断熱材／発泡ポリスチレン板t30
ガラスブロック
190×190×95
床：複合フローリングt15
　　セルフレベリングt10
ソフト幅木H＝60
テラス：磁器質タイル貼り
▽1FL＋200
▼GL±0
土間コンクリートt150
断熱材t30
防湿フィルムt0.15
割栗石t150

26-2 各部の説明図

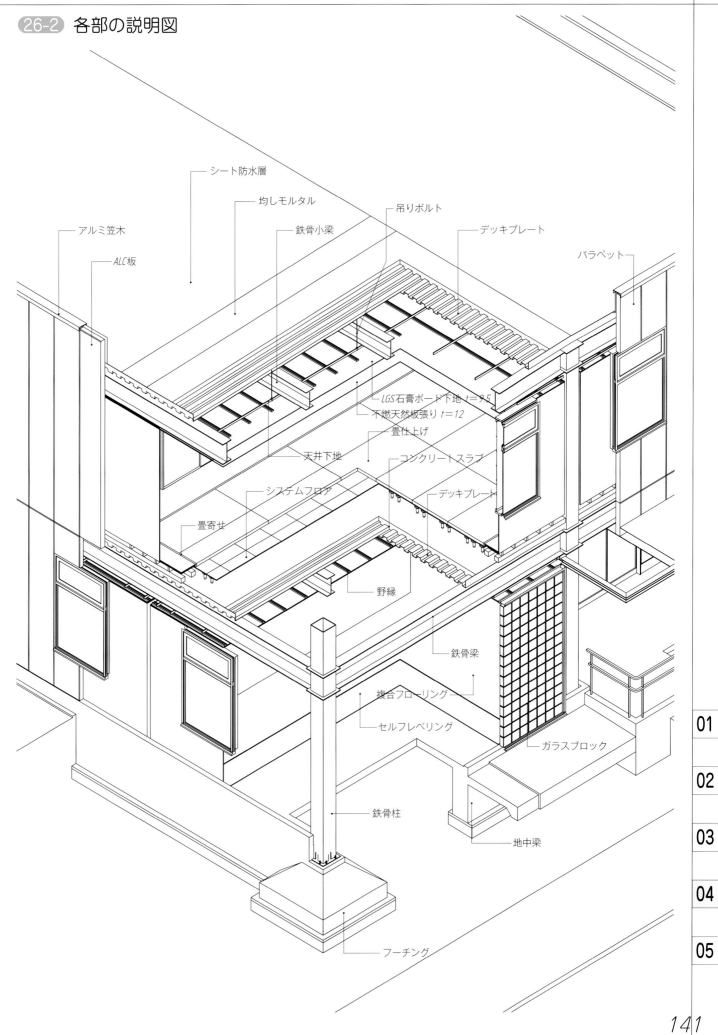

- シート防水層
- 均しモルタル
- 吊りボルト
- デッキプレート
- アルミ笠木
- 鉄骨小梁
- パラペット
- ALC板
- LGS石膏ボード下地 t=9.5
- 不燃天然板張り t=12
- 畳仕上げ
- 天井下地
- コンクリートスラブ
- システムフロア
- デッキプレート
- 畳寄せ
- 野縁
- 鉄骨梁
- 複合フローリング
- セルフレベリング
- ガラスブロック
- 鉄骨柱
- 地中梁
- フーチング

01
02
03
04
05

26-3 描き方の手順

(1) 壁の中心線，高さの基準線を描く

1. 高さの基準線（基礎梁下端，地盤，床高，最高高さ）を下描きする。
2. 壁心および柱心を一点鎖線で描く。
3. 高さを省略する部分に破断線を細線で描く。

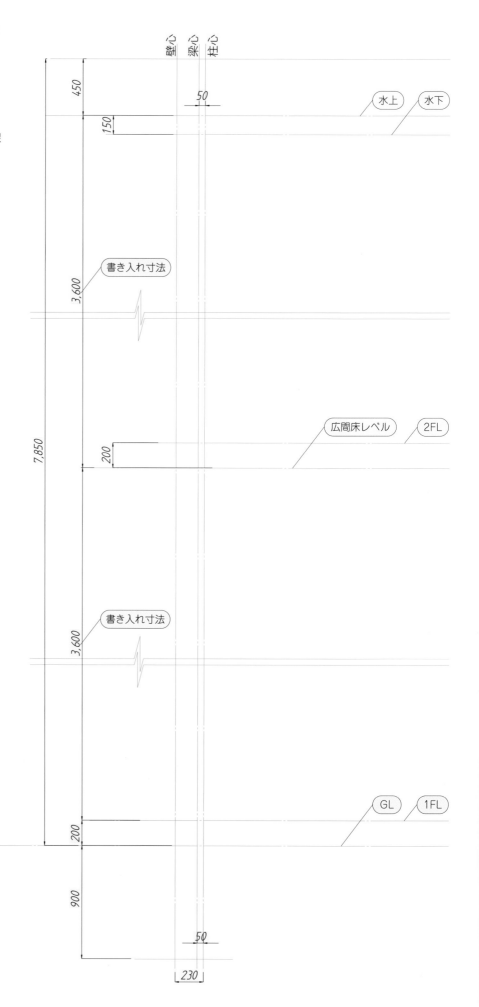

(2) 壁，屋根，天井を下描きする

1. 床高を基準に天井高，窓の高さを下描きする。
2. 鉄骨梁の下描きをする。
3. 床高を基準にして，デッキプレート，コンクリートの厚みを下描きする。
4. 基礎梁，土間コンクリート，テラス，割栗石を下描きする。
5. ALC板の下描きをする。
6. サッシの位置を下描きする。
7. R階梁を下描きし，屋根スラブを下描きする。矩計図の切断位置は，(Lesson24断面図) の切断方向に対して直角なので水勾配は，図面で表現されない。屋根スラブの位置は，切断位置を考慮して水上と水下の中間の適切な位置に描く。
8. 壁，断熱材の下描きをする。
9. 天井の下地を下描きする。
10. カーテンボックス，幅木の下描きをする。
11. アルミ笠木，屋根の防水層の下描きをする。

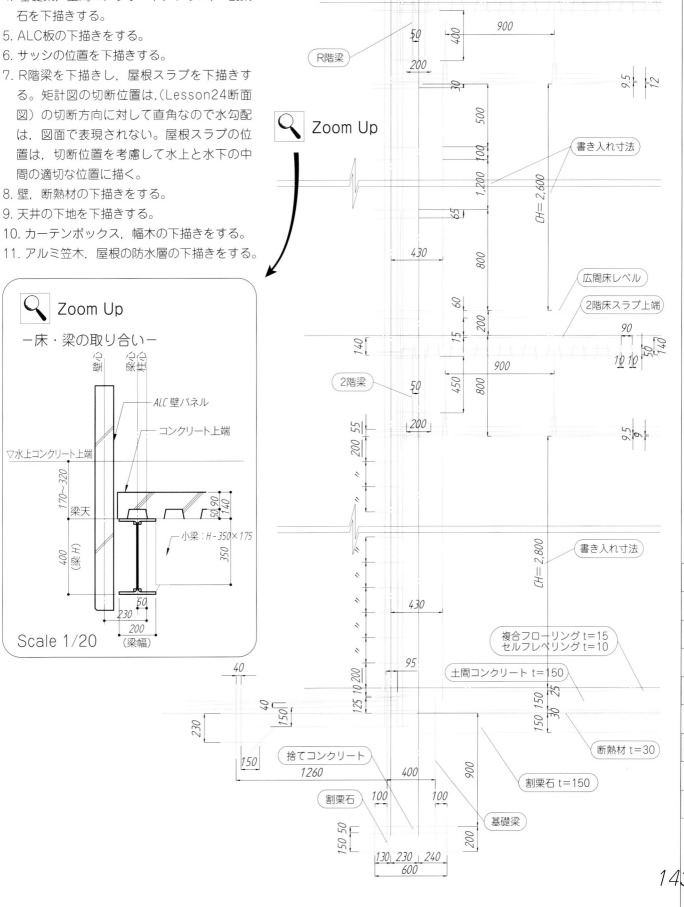

🔍 Zoom Up

🔍 Zoom Up
－床・梁の取り合い－

ALC壁パネル
コンクリート上端
▽水上コンクリート上端
梁天
小梁：H-350×175

Scale 1/20

屋根仕上ライン
屋根スラブ上端
R階梁
書き入れ寸法
CH＝2,600
広間床レベル
2階床スラブ上端
2階梁
書き入れ寸法
CH＝2,800
複合フローリング t=15
セルフレベリング t=10
土間コンクリート t=150
断熱材 t=30
割栗石 t=150
捨てコンクリート
割栗石
基礎梁

01
02
03
04
05

(3) 躯体の仕上げをする

1. 躯体（鉄骨梁，デッキプレート，コンクリート，基礎梁，土間コンクリートなど）を太線で仕上げる。

2. ALC板の断面線を太線で仕上げる。

3. 姿として見える鉄骨柱，小梁を下描きする。

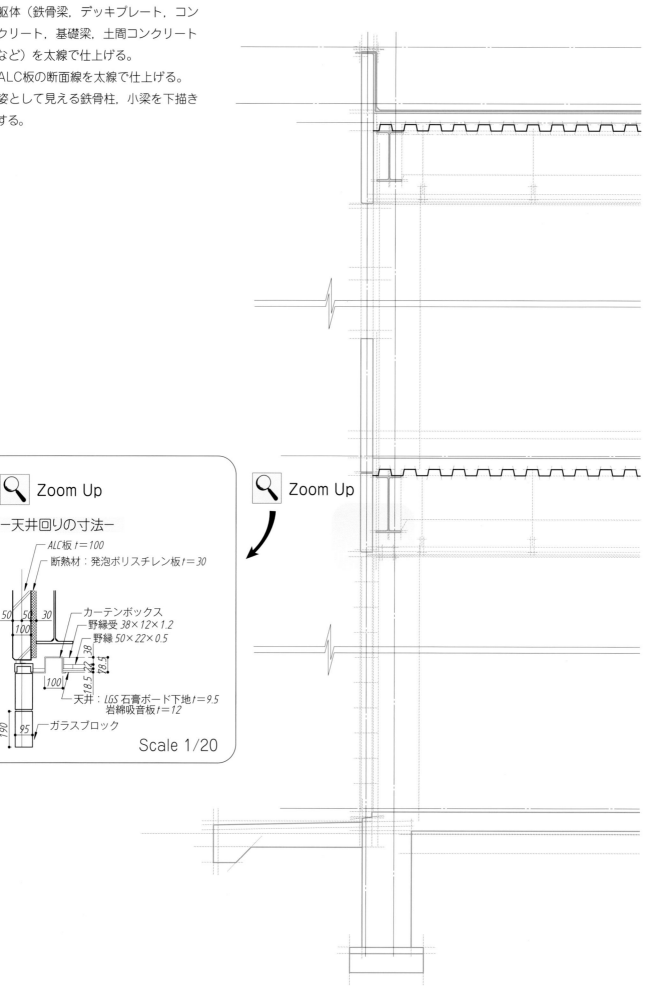

Zoom Up

－天井回りの寸法－

ALC板 t＝100

断熱材：発泡ポリスチレン板 t＝30

50 50 30
100

カーテンボックス
野縁受 38×12×1.2
野縁 50×22×0.5

18.5 22 38
78.5

100

天井：LGS 石膏ボード下地 t＝9.5
岩綿吸音板 t＝12

190 95

ガラスブロック

Scale 1/20

Zoom Up

(4) 各部の仕上げ

1. 内側の壁を中線で仕上げる。

2. 1階，2階の天井を中線で仕上げる。

3. サッシの断面を中線で仕上げる。

4. 捨てコンクリート，割栗石などを太線
で仕上げる。

5. 姿として見える線を中線で仕上げる。

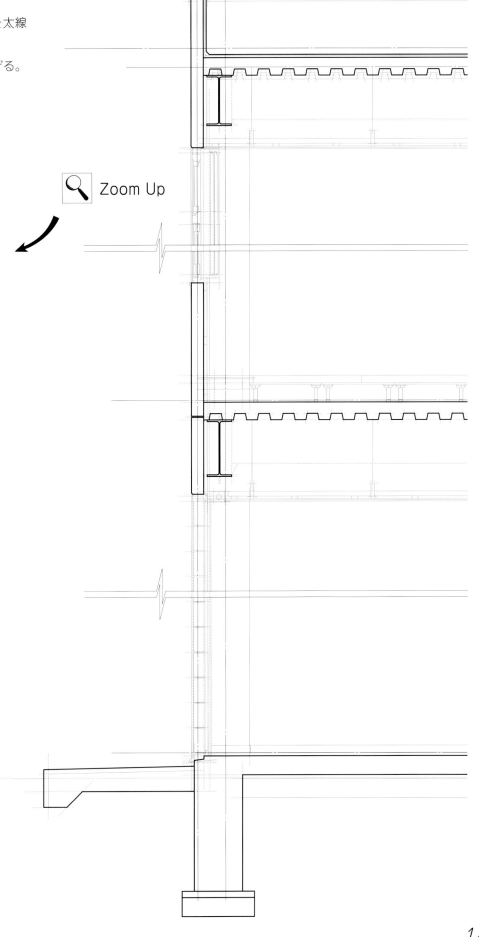

Zoom Up

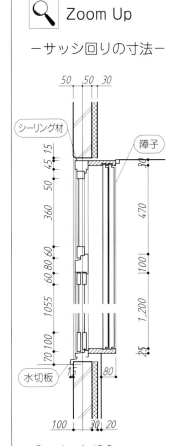

Zoom Up

－サッシ回りの寸法－

Scale 1/20

　ALC板を用いる場合は，
ALC用アルミサッシ枠を使用
し，サッシ枠とALC板との間
は，シーリングする必要があ
ります。

　実際の設計では，各メーカ
ーのカタログより適切なサッ
シ寸法を決めることが多い。

　上記の寸法は，その一例を
示しています。

01

02

03

04

05

145

(5) ハッチング，寸法，文字など
　　を記入する

1. 地盤，鉄筋コンクリート，割栗石
　　のハッチングを細線で描く。

2. 寸法線を細線で引き寸法を描く。

3. 室名，各部の名称，図面名，縮尺
　　を記入し，完成させる。

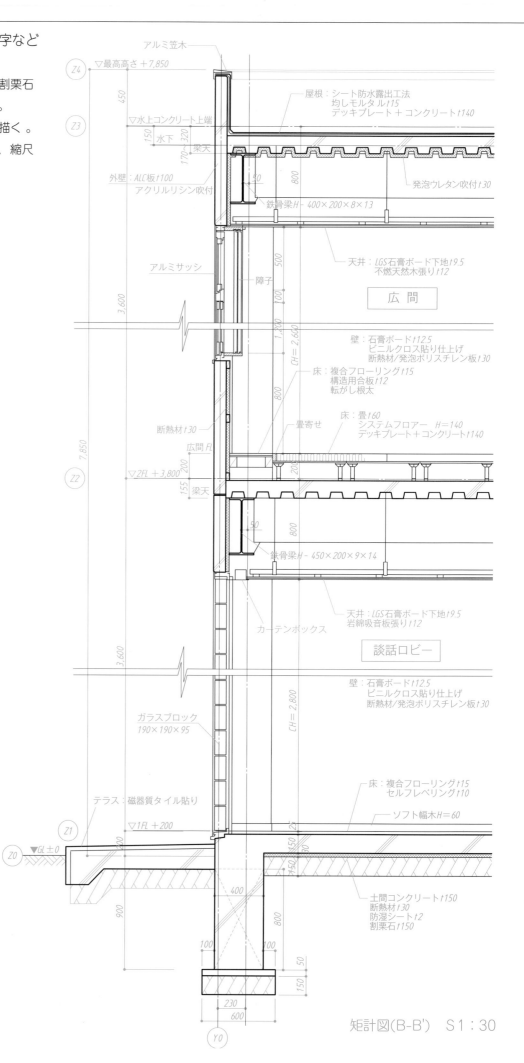

アルミ笠木
▽最高高さ ＋7,850
▽水上コンクリート上端
水下
梁天
外壁：ALC板t100
アクリルリシン吹付
アルミサッシ
障子
断熱材t30
広間 FL
▽2FL ＋3,800
梁天
ガラスブロック
190×190×95
テラス：磁器質タイル貼り
▽1FL ＋200
▽GL±0

屋根：シート防水露出工法
均しモルタルt15
デッキプレート＋コンクリートt140
発泡ウレタン吹付t30
鉄骨梁H－400×200×8×13
天井：LGS石膏ボード下地t9.5
不燃天然木張りt12

広　間

壁：石膏ボードt12.5
ビニルクロス貼り仕上げ
断熱材/発泡ポリスチレン板t30
床：複合フローリングt15
構造用合板t12
転がし根太
床：畳t60
システムフロアー　H＝140
デッキプレート＋コンクリートt140
畳寄せ

鉄骨梁H－450×200×9×14

天井：LGS石膏ボード下地t9.5
岩綿吸音板張りt12
カーテンボックス

談話ロビー

壁：石膏ボードt12.5
ビニルクロス貼り仕上げ
断熱材/発泡ポリスチレン板t30

床：複合フローリングt15
セルフレベリングt10
ソフト幅木H＝60

土間コンクリートt150
断熱材t30
防湿シートt2
割栗石t150

矩計図(B-B')　S1：30

146

Chapter 5　設計資料

01

02

03

04

05

Lesson 27　物品のサイズ

27-1 住居空間の物品

（1）玄関・食事室・居間

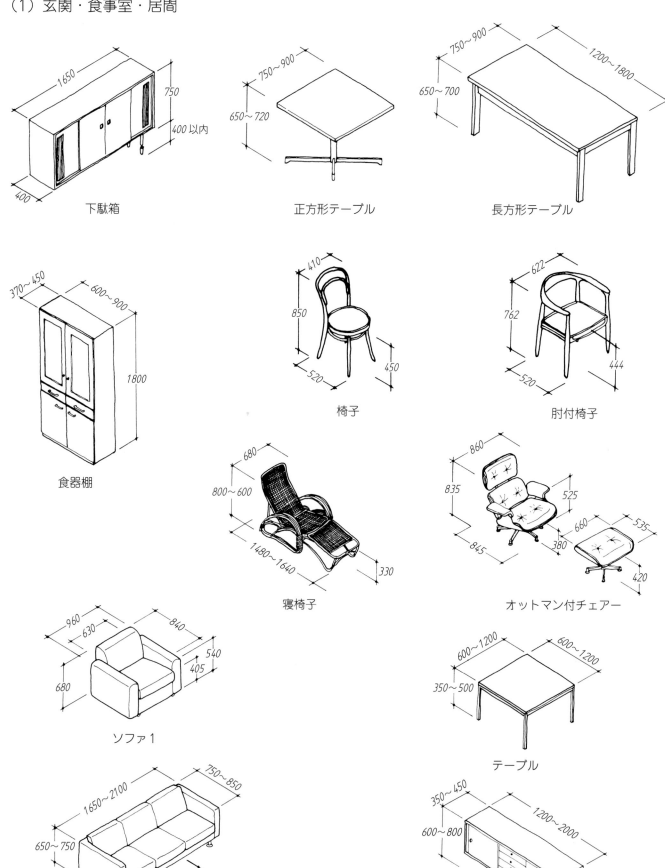

下駄箱

正方形テーブル

長方形テーブル

食器棚

椅子

肘付椅子

寝椅子

オットマン付チェアー

ソファ1

テーブル

ソファ2

サイドボード

（2）和室・寝室・子供室

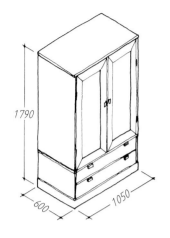

洋服たんす

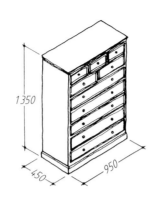

整理たんす

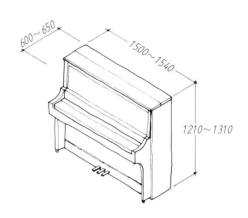

アップライトピアノ

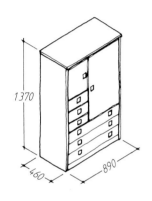

子供用整理たんす

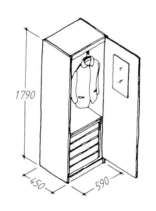

ロッカー

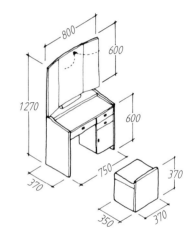

半三面鏡台

座椅子

こたつ

書棚

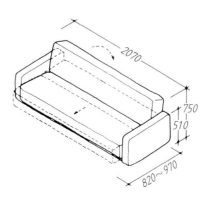

ソファーベッド

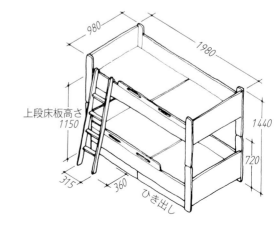

二段ベッド

（3）浴室・洗面室・台所

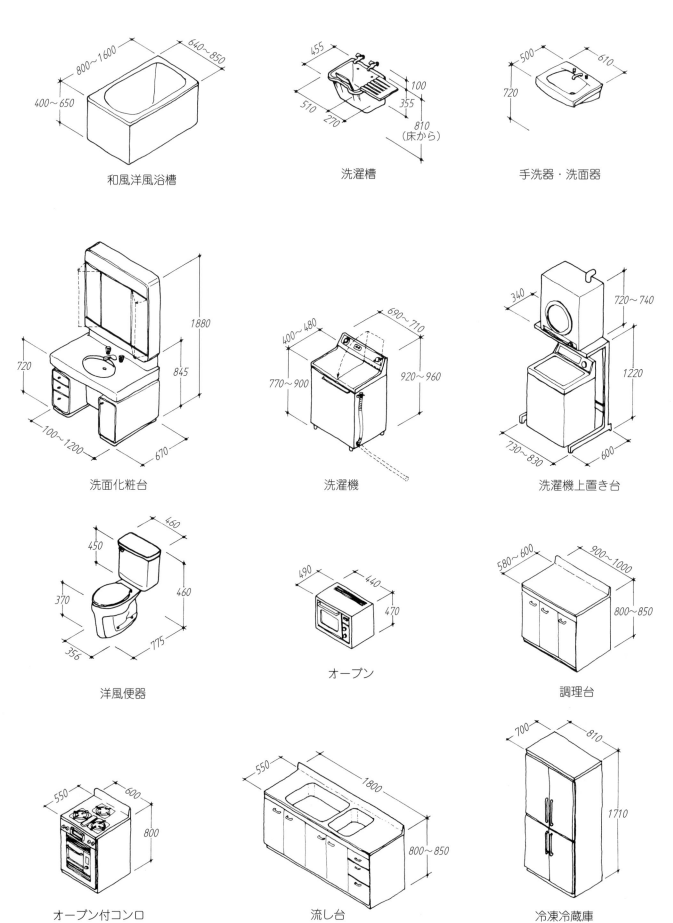

和風洋風浴槽

洗濯槽

手洗器・洗面器

洗面化粧台

洗濯機

洗濯機上置き台

洋風便器

オーブン

調理台

オーブン付コンロ

流し台

冷凍冷蔵庫

（4）外部空間

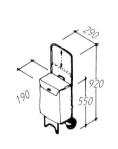

ショッピングカート

ベビーカー

三輪車

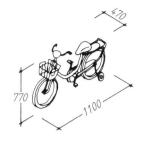

子供用自転車

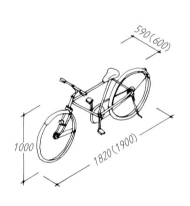

大人用自転車

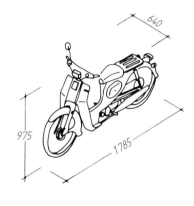

原付き第1種（50cc）

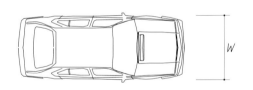

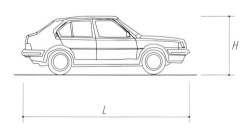

	長さ（L）	巾（W）	高さ（H）
軽自動車	3400以下	1480以下	2000以下
小型自動車	4700以下	1700以下	2000以下

自動車

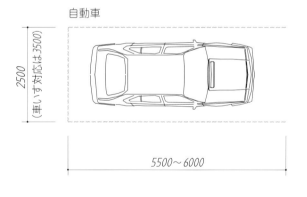

自動車

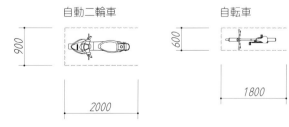

駐車・駐輪スペース

01

02

03

04

05

Lesson 28　各部ディテール

28-1　主要な部分の納まり

（1）木造屋根

屋根：カラーベスト（t6）
下葺き材：ゴムアス系ルーフィング
野地板：t12耐水合板

10
4.5

軒高

165

165

20 55

35

40

25

軒天井：ケイカル板 t6 AEP塗

軒の出 600

壁中心線

910

414

住宅屋根用化粧板葺き 1/10

住宅屋根用化粧板 1枚の大きさ（例）

237

237

237

237

245

桟瓦

軒高

万十軒瓦

10

4.5

淀：33×105

33 30

60

60 10

瓦桟：18×24
流し桟
下葺き材：ゴムアス系ルーフィング
化粧野地板 t12
化粧垂木：60×60

広小舞：30×100

板張り

軒の出 600

壁中心線

305

45

260

40

305

265

275

305

30

265 40

153

305

日本瓦　1枚の大きさ（例）

日本瓦葺き 1/10

05

設計資料

152

（2）壁・天井

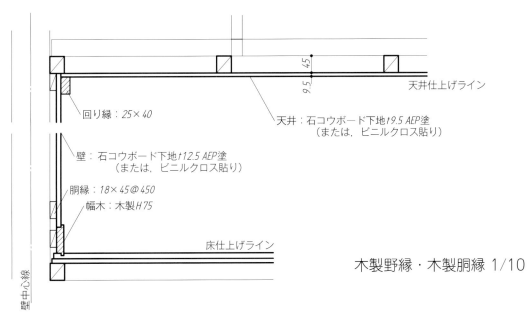

回り縁：25×40

天井：石コウボード下地 t9.5 AEP塗
　　　（または，ビニルクロス貼り）

天井仕上げライン

壁：石コウボード下地 t12.5 AEP塗
　　（または，ビニルクロス貼り）

胴縁：18×45@450
幅木：木製 H75

床仕上げライン

壁中心線

木製野縁・木製胴縁 1/10

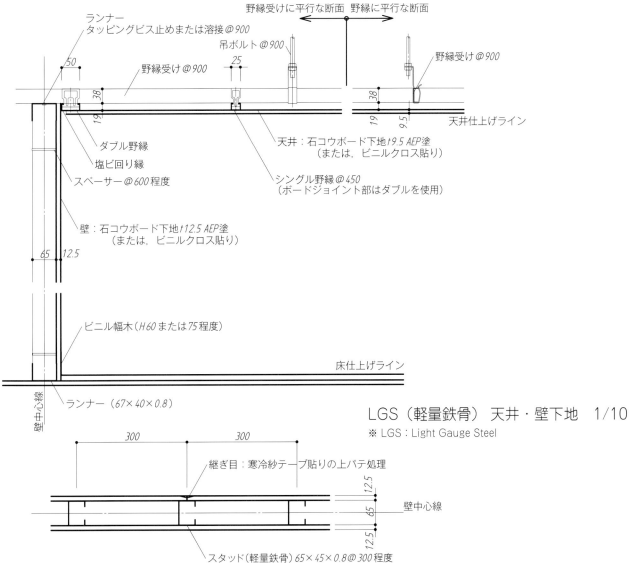

野縁受けに平行な断面　野縁に平行な断面

ランナー
タッピングピス止めまたは溶接@900

吊ボルト@900

野縁受け@900

野縁受け@900

ダブル野縁
塩ビ回り縁
スペーサー@600程度

天井仕上げライン

天井：石コウボード下地 t9.5 AEP塗
　　　（または，ビニルクロス貼り）

シングル野縁@450
（ボードジョイント部はダブルを使用）

壁：石コウボード下地 t12.5 AEP塗
　　（または，ビニルクロス貼り）

ビニル幅木（H60または75程度）

床仕上げライン

壁中心線

ランナー（67×40×0.8）

LGS（軽量鉄骨）天井・壁下地　1/10
※ LGS：Light Gauge Steel

300　　　300

継ぎ目：寒冷紗テープ貼りの上パテ処理

壁中心線

スタッド（軽量鉄骨）65×45×0.8@300程度

LGS（軽量鉄骨）壁下地 平面図 1/10

01

02

03

04

05

(3)床

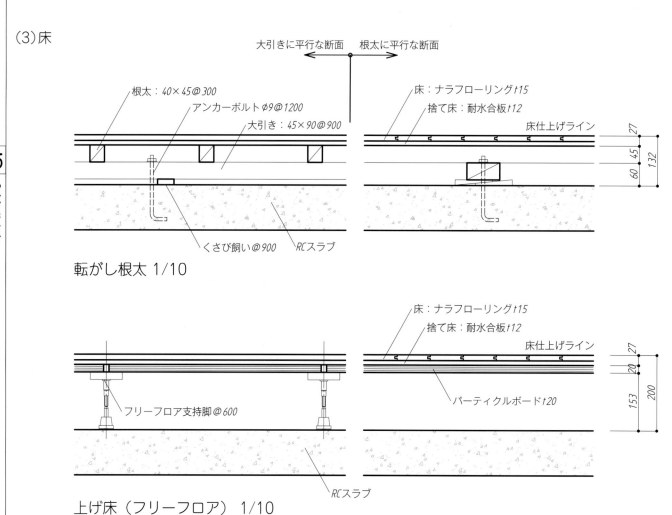

大引きに平行な断面　根太に平行な断面

根太：40×45@300
アンカーボルト φ9@1200
大引き：45×90@900

床：ナラフローリング t15
捨て床：耐水合板 t12
床仕上げライン

27
45
60
132

くさび飼い@900　RCスラブ

転がし根太 1/10

床：ナラフローリング t15
捨て床：耐水合板 t12
床仕上げライン

27
20
153
200

パーティクルボード t20

フリーフロア支持脚@600

RCスラブ

上げ床（フリーフロア）1/10

(4)RC造屋上防水　パラペット（手すり壁）

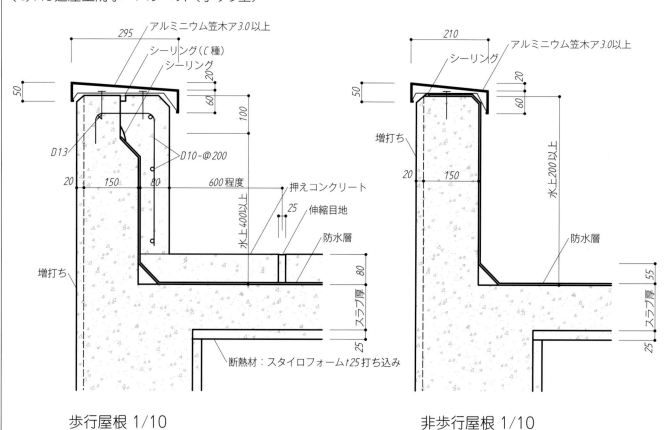

295
アルミニウム笠木ア3.0以上
シーリング（C種）
シーリング

50
60
20
100

D13
D10-@200

20　150　80　600程度
押えコンクリート
25　伸縮目地
防水層

水上400以上

増打ち

断熱材：スタイロフォーム t25打ち込み

スラブ厚
80
25

歩行屋根 1/10

210
アルミニウム笠木ア3.0以上
シーリング

50
60
20

増打ち

20　150

水上200以上

防水層

スラブ厚
55
25

非歩行屋根 1/10

Lesson 29　木造主要部材の断面

29-1　部材断面寸法

(1)軒桁

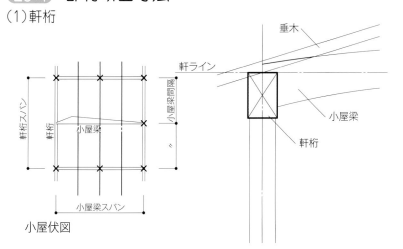

小屋伏図

(2)床梁・胴差

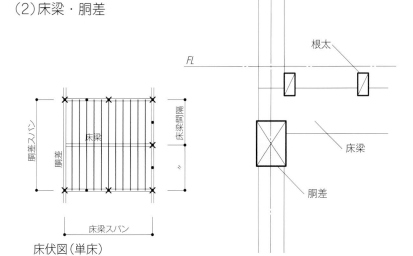

床伏図(単床)

(3)大梁

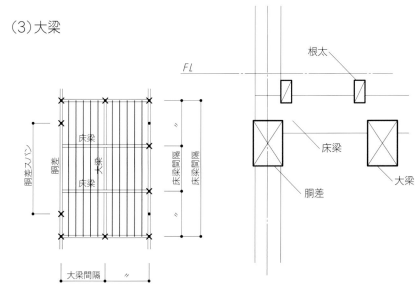

床伏図(複床)

部材断面寸法表

軒桁			
小屋梁スパン	軒桁スパン	軒桁中間の小屋梁等の有無	部材断面(B×D)
2730	1820	無	120×120
	1820	有	120×150
	2730	〃	120×210
	3640	〃	120×300
	4550	〃	120×330
3640	1820	無	120×120
	1820	有	120×150
	2730	〃	120×210
	3640	〃	120×300
	4550	〃	120×330
4550	1820	無	120×120
	1820	有	120×210
	2730	〃	120×240
	3640	〃	120×330
	4550	〃	120×360

床梁			胴差	
床梁間隔	床梁スパン	部材断面(B×D)	胴差スパン	部材断面(B×D)
910	2730	105×180	2730	120×210
			3640	120×300
			4550	120×330
	3640	105×240	2730	120×240
			3640	120×300
			4550	120×330
	4550	120×300	2730	120×300
			3640	120×330
			4550	120×360
1820	2730	120×210	2730	120×210
			3640	120×300
			4550	120×330
	3640	120×300	2730	120×300
			3640	120×330
			4550	120×360
	4550	120×330	2730	120×300
			3640	120×360
			4550	120×360

大梁			根太	
大梁間隔	胴差スパン	部材断面(B×D)	根太スパン	部材断面(B×D)
910	2730	120×210	910	40×45
	3640	120×300	1820	45×105
	4550	120×330		
	2730	120×240		
	3640	120×300		
	4550	120×330		
	2730	120×300		
	3640	120×330		

01

02

03

04

05

155

【参考文献】
- 建築工事標準詳細図　建設大臣官房官庁営繕部監修
- ディテールの設計　神山定雄著　彰国社
- 木造の詳細　1構造編　彰国社
- 建築設計資料集成2　日本建築学会編　丸善

【監　修】　　小西 敏正　　Toshimasa KONISHI
　　　　　　　1967年　　東京工業大学理工学部建築学科卒業
　　　　　　　現　在　　宇都宮大学名誉教授，工学博士
　　　　　　　　　　　　一級建築士，インテリアプランナー

【執　筆】　　永井 孝保　　Takayasu NAGAI
　　　　　　　1979年　　桑沢デザイン研究所インテリア住宅研究科卒業
　　　　　　　現　在　　(株)アトリエ・オメガ代表
　　　　　　　　　　　　一級建築士

　　　　　　　村井 祐二　　Yuji MURAI
　　　　　　　1980年　　東京工業大学工学部建築学科卒業
　　　　　　　現　在　　(株)計画設計・インテグラ代表，一級建築士

　　　　　　　宮下真一　　Shinichi MIYASHITA
　　　　　　　1981年　　東京工業大学工学部建築学科卒業
　　　　　　　現　在　　東急建設，博士(工学)

（作図協力 遠山貴士）

(肩書きは，第五版 発行時)

超入門　建築製図（第五版）

2004年 9 月28日	初 版 発 行
2009年10月16日	新 版 発 行
2011年 3 月17日	第 三 版 発 行
2012年 4 月10日	第 四 版 発 行
2020年 2 月10日	第 五 版 発 行
2023年 2 月25日	第 五 版 第 5 刷

監修者　小 西 敏 正
発行者　澤 崎 明 治
印　刷　星野精版印刷
製　本　ブロケード

発行所　株式会社 市ヶ谷出版社
　　　　東京都千代田区五番町5
　　　　電話　03-3265-3711 （代）
　　　　FAX　03-3265-4008
　　　　http://www.ichigayashuppan.co.jp

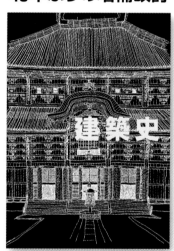